U0617649

权威·前沿·原创

皮书系列为
"十二五""十三五""十四五"时期国家重点出版物出版专项规划项目

BLUE BOOK

智 库 成 果 出 版 与 传 播 平 台

嘉峪关蓝皮书
BLUE BOOK OF JIAYUGUAN

嘉峪关市经济社会发展报告
（2021~2022）

ANNUAL REPORT ON THE ECONOMIC AND SOCIAL DEVELOPMENT OF
JIAYUGUAN (2021-2022)

主　编／杨殿锋
副主编／张海吾　宋振祖　韩耀伟

社会科学文献出版社
SOCIAL SCIENCES ACADEMIC PRESS（CHINA）

图书在版编目（CIP）数据

嘉峪关市经济社会发展报告 . 2021~2022 / 杨殿锋主
编 . --北京：社会科学文献出版社，2023.1
（嘉峪关蓝皮书）
ISBN 978-7-5228-1366-0

Ⅰ.①嘉…　Ⅱ.①杨…　Ⅲ.①区域经济发展-研究报
告-嘉峪关-2021-2022 ②社会发展-研究报告-嘉峪关
-2021-2022　Ⅳ.①F127.423

中国版本图书馆 CIP 数据核字（2022）第 256471 号

嘉峪关蓝皮书
嘉峪关市经济社会发展报告（2021~2022）

主　　编 / 杨殿锋
副 主 编 / 张海吾　宋振祖　韩耀伟

出 版 人 / 王利民
组稿编辑 / 祝得彬
责任编辑 / 张　萍
文稿编辑 / 崔春艳
责任印制 / 王京美

出　　版 / 社会科学文献出版社·当代世界出版分社（010）59367004
　　　　　地址：北京市北三环中路甲 29 号院华龙大厦　邮编：100029
　　　　　网址：www.ssap.com.cn
发　　行 / 社会科学文献出版社（010）59367028
印　　装 / 天津千鹤文化传播有限公司

规　　格 / 开　本：787mm×1092mm　1/16
　　　　　印　张：15.5　字　数：229 千字
版　　次 / 2023 年 1 月第 1 版　2023 年 1 月第 1 次印刷
书　　号 / ISBN 978-7-5228-1366-0
定　　价 / 138.00 元

读者服务电话：4008918866

主要编撰者简介

邓廷涛　男，现供职于嘉峪关市委政策研究室，先后在《甘肃社会科学》《青海社会科学》等学术刊物发表论文 20 余篇，参与市委相关文件起草工作。

朱万佳　男，曾在嘉峪关市工信局、嘉峪关市政府研究室等部门工作，现供职于嘉峪关市委政策研究室。主要研究方向为区域经济发展。参与编写《嘉峪关工作》。

牛　犇　男，先后在嘉峪关市统计局、市委政策研究室工作，从事区域经济政策、固定资产投资、产业经济发展等方面的研究，参与编写《嘉峪关市统计年鉴》《嘉峪关工作》。

李燕生　男，嘉峪关市党史和市志研究院业务科二级主任科员，从事市情调研、领导决策参考和综合材料调研起草等工作，负责全面深化改革具体落实工作。

颜盼霞　女，现供职于嘉峪关市委政策研究室财经研究科，参与党的建设、经济发展、经济动态等方面文稿起草撰写工作，在《长安学刊》《嘉峪关日报》等刊物发表论文数篇。

张 允 女，现供职于嘉峪关市委政策研究室综合科，承担民生保障、社会治理、城市建设等方面文稿起草工作，参与《嘉峪关工作》的组稿编辑，撰写多篇基层党组织建设类文稿。

安 奇 男，现供职于嘉峪关市委政策研究室改革办发展改革科，承担全面深化改革相关工作，参与编辑《嘉峪关工作》，参与产业体系、经济发展、基层治理等方面文稿起草撰写工作。

张智星 男，现供职于嘉峪关市委政策研究室综合科，承担全面深化改革等工作，参与党的建设、法治建设、基层社会治理等方面文稿起草撰写工作。

摘　要

　　《嘉峪关市经济社会发展报告（2021~2022）》由嘉峪关市委政策研究室主持编撰，是定位于分析、总结嘉峪关发展现状，预测嘉峪关发展未来的综合性研究报告。

　　全书包括总报告、经济发展篇、文化产业篇、社会事业篇、深化改革篇、城市建设篇、企业案例篇等七个板块的内容，每个板块根据宏观形势变化和嘉峪关市经济社会发展实践，选取了重点、热点和社会关注度较高的领域作为研究对象，科学理性地总结了2021年嘉峪关经济社会发展情况，透彻分析了行业领域发展现状，有针对性地提出了关于嘉峪关经济、文化产业、社会事业、改革发展、城市建设等方面提质增效的工作建议。

　　《嘉峪关市经济社会发展报告（2021~2022）》各篇研究报告客观呈现了嘉峪关市经济社会发展全貌，认为嘉峪关经济实现了稳步发展，城市建设取得了新的进步，社会事业进步明显，民生保障得到了强化，深化改革成果不断显现。各篇报告抓主抓重、聚焦发展热点，采用理论研究、实地调研、定量分析、定性分析等多种研究方法，形成了一份集科学性、实践性于一体，体现积极实践、创新创造的报告合集。

　　关键词： 经济社会发展　城市建设　嘉峪关市

目 录 ⤢

Ⅰ 总报告

Ⅱ 经济发展篇

Ⅵ 城市建设篇

Ⅶ 企业案例篇

皮书数据库阅读**使用指南**

总 报 告

General Report

B.1

2021~2022年嘉峪关市经济社会
发展形势分析与预测

牛 犇 王灏凯*

摘 要: 2021年，嘉峪关市统筹推进新冠肺炎疫情防控工作和经济社会
发展，着力加强重点工作统筹调度，前瞻谋划重点产业布局，积
极抢抓重大发展机遇，全面提升地企合作水平，经济社会发展呈
现稳中向好、好中提质的良好态势。本报告建议2022年嘉峪关
市立足"三地两点"功能定位①，强化科技创新驱动，全面加快
项目建设，加快工业扩量提质，促进三产整合增效，深入推进乡
村振兴，深化关键领域改革，全力推动经济社会高质量发展，努
力打造省域副中心，建设西部明星城。

---

* 牛犇，嘉峪关市委政策研究室综合协调科科长，主要研究方向为经济数据统计；王灏凯，
嘉峪关市发展和改革委员会国民经济综合科科长，主要研究方向为国民经济与社会发展。

① "三地两点"功能定位：中共嘉峪关市委十一届十七次全会提出的，包括长城文化重要标
志地、先进制造业要素集聚地、新能源优势转换放大地、国家重大战略支撑关键点、向西
开放通道新节点。

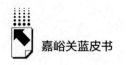

关键词： 经济社会发展　创新驱动　高质量发展　嘉峪关市

一　2021年嘉峪关市经济社会发展形势分析

2021年，嘉峪关市着力稳经济、促发展、保目标。10月，在新冠肺炎疫情防控时期，全市统筹推进疫情防控工作和经济社会发展"两手抓、两不误、两促进"，用最短的时间把疫情影响控制在最小范围内，以最快的速度恢复生产生活秩序。全市经济社会发展总体保持平稳态势，高质量发展的基本面稳健向好。

（一）经济运行总体保持平稳

2021年，在大宗商品高位运行的情况下，作为以钢、铝原材料为主导产业的工业城市，嘉峪关市工业运行状况明显改善，企业盈利大幅提高，带动全市地区生产总值首次突破300亿元，达到326.5亿元（见图1）；一般公共预算收入首次突破20亿元，达到23.6亿元；固定资产投资增长6.9%；社会消费品零售总额增长14.4%；城镇、农村居民人均可支配收入稳居全省第一位，分别达到47863元、24726元，分别增长6.9%、10.0%；居民消费价格指数累计上涨1.3%；其他主要指标保持在合理区间。

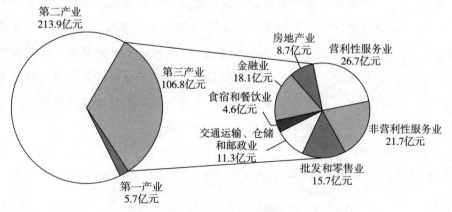

图1　嘉峪关市2021年地区生产总值

资料来源：嘉峪关市统计局，经汇总整理后绘制。

（二）扩投资促消费稳中有升

2021 年以来，嘉峪关市坚持项目带动，强化项目要素保障，全年固定资产投资增长 6.9%；6 个省列重大项目完成年度投资任务的 220%，投资完成率位居全省第一；国家核基地综合保障区、一馆两中心、城市地下管网改造、甘肃藏建 300 万吨胶凝、正泰公司 70 兆瓦光储一体化等一批重点项目进展顺利。资金争取成效显著，全年落实到位中央预算内、地方政府债券、省级预算内等各类资金 15.9 亿元，有效保障了重点项目建设。挖掘消费潜力，成功举办文化旅游美食节、"嘉享券"全民消费、汽车家电等系列促销活动，消费市场下滑势头得到遏制，全年实现社会消费品零售总额 82.9 亿元。推进地企联合精准招商，依托兰洽会、西博会、网络招商推介会等平台，全年招商引资项目签约总金额 65.3 亿元，到位资金 18 亿元，成功与浙江甬金等企业签约，嘉能公司年处理 150 万吨钢渣综合利用及加工、恒景源公司 20 万吨高精冶金材料等项目落地建设。①

（三）产业优化升级步伐加快

围绕"强龙头、补链条、聚集群"的发展思路，出台《嘉峪关市重点产业链链长制工作方案》，培育发展"2+6+N"产业链集群②。支持企业加快"三化"改造，酒钢本部 1 号 2 号焦炉优化升级、东兴铝业电解槽阴极全石墨化改造、西部重工 3D 打印绿色智能铸造等重点项目进展顺利。加快军民融合产业发展，生活保障区、嘉核科学城综合验证平台、军粮区域配送服务中心应急物资保障体系等项目进展顺利，完成投资 21.6 亿元；酒钢宏兴、西部重工、中核嘉华等 6 家企业成为省级军民融合重点扶持企业。园区发展取得新突破，铭翔公司年产 30 万吨铝合金圆铸棒材、硕永公司利用固废生产透水砖等项目建成投产，海中环保公司 20 万吨固（废）处置、顺通

---

① 本报告数据由嘉峪关市发展和改革委员会汇总整理。
② "2+6+N"产业链集群是指首抓 2 条千亿级产业链，主抓 6 条百亿级产业链，力抓 N 条产业链。

公司机械钢铬板等项目进展顺利。全年实现工业增加值 207.7 亿元，同比增长 4.3%。文旅产业融合发展，嘉峪关·关城里成功入选国家级夜间文化和旅游消费集聚区。全年接待旅游人数 469 万人次，实现旅游综合收入 32 亿元。培育壮大现代农业，以"种业、蔬菜、奶业、生猪"四大产业为主攻方向，培育发展优质瓜菜、优良畜禽、经济林果、高效制种等特色优势产业，农作物种植面积达到 9.73 万亩，农作物、畜禽良种化覆盖率分别在 95% 和 90% 以上，全年完成农业增加值 5.7 亿元，同比增长 3.6%。

（四）城市功能品质显著提升

统筹推进城乡规划建设，编制完成《嘉峪关市国土空间总体规划（2020—2035）》，进一步理清各类存量用地规模、布局，初步形成全域国土空间一张图，以高质量规划引领高质量发展。开展城市更新行动，地下管网改造（七期）、玉泉中路提升改造、机场路雨排等项目已完工，城市基础设施和空间布局更加完善。加快推进老旧小区改造，完成 12 个小区外墙保温及基础设施提升。加快 5G 基站基础设施建设，实现 5G 网络全覆盖。积极践行"两山"理念，坚定不移实施生态立市战略，有效开展工业企业治污、矿山环境恢复治理工作，推进农村垃圾、厕所、污水"三大革命"。全年环境空气质量优良天数为 312 天，全市水环境质量保持良好，城市集中式饮用水水源地、地表水、地下水水质达标率为 100%，土壤环境安全可控。持续提升城市绿化品质，完成雄关公园基础设施改造提升及旅游公路沿线等区域绿化，城市建成区绿化覆盖率达到 40.7%，城市人均公共绿地面积为 29.2 平方米，人居环境更加优美。

（五）民生福祉不断增进

推动教育事业均衡发展，胜利路小学北教学楼维修加固项目如期完成，新增学位数 300 个，市第一中学学生食堂及学生公寓项目建成投用，市第二中学综合教学楼建设项目进展顺利。医疗基础设施进一步完善，市妇幼保健计划生育服务中心医疗业务用房、中医医院发热门诊及转换病区改扩建等工程建成投用，第一人民医院住院部综合楼改扩建项目主体完工。就业和社会救助工作稳步推进，全年新增就业6500人以上，城镇登记失业率控制在2.9%以内。推动医养康养深度融合，巩固全国第三批居家和社区养老服务改革试点成果，建成雄关、钢城两个街道综合养老服务中心。深化"双促双增"精准帮扶行动，拓宽农民增收渠道。全力办好省、市惠民实事，圆满完成省政府确定的新增城镇就业及未就业普通高校毕业生到基层就业、自然村（组）通硬化路等9件惠民实事；市政府确定的背街小巷整治、雄关公园设施改造、公共场所安装自动除颤仪、南市区农贸市场建设等惠民实事顺利完成。

（六）改革开放持续深化

深化"放管服"① 改革，深入推进容缺受理、不来即享、帮办代办、不见面审批等服务方式，实现191项高频事项"跨省通办"、144项事项"省内通办"、108项跨部门联办事项"一件事一次办"，审批办理时限缩短68%以上，证明事项告知承诺制经验在全国推广，73项政务服务事项下沉社区及三镇办理，通过容缺受理办理事项1.4万件。优化项目审批流程，精简规范审批事项，实现工程建设项目全流程审批服务"在线办、并联办、透明办"。健全完善国资国企制度体系，扎实推进国企改革三年行动，交建集团、文旅集团子公司混合所有制改革稳步推进。加快区域协同发展，主动参与河西走廊经济带建设，发挥驻霍尔果斯办事处功能，扩大对外经济合作，不断提升外向型经济水平。

二 2022年嘉峪关市经济社会发展环境分析

2021年第四季度以来，我国国内经济明显呈现下行趋势。从2021年底中央经济工作会议及2022年初全国两会的会议内容来看，党中央、国务院对这一形势已经有了十分清晰的判断。随着俄乌冲突的持续扩大，以及我国

---

① "放管服"就是简政放权、放管结合、优化服务的简称。"放"即简政放权，降低准入门槛。"管"即创新监管，促进公平竞争。"服"即高效服务，营造便利环境。这是党的十八大后深化行政体制改革、推动政府职能转变的一项重大举措。

国内新一轮疫情的再次突袭而至，影响国内经济平稳健康发展的不确定因素明显增加，并在一定程度上超出了预期。但我国经济韧性强、潜力足、长期向好的基本面没有改变，随着国家稳增长一揽子政策措施的持续发力，经济加快恢复的态势仍将持续。在新的发展条件下，嘉峪关作为长城文化重要标志地、先进制造业要素集聚地、新能源优势转换放大地和国家重大战略支撑关键点、向西开放通道新节点的功能定位更加清晰，打造省域副中心、建设西部明星城的任务更为明确。未来一个时期，机遇和挑战并存、优势和劣势同在，嘉峪关市须把推动协调发展、充分发展作为基本着眼点，坚持"强工业、强科技"，围绕"强龙头、补链条、聚集群"的发展思路，加快推进"2+6+N"产业链集群发展，支持酒钢集团等"链主"企业发展壮大，提升钢、铝、能源、装备制造等重点产业附加值，强化企业核心竞争力，完善地企联动、市校合作、军民融合、区域协同的科技创新体系，持续深化国资国企、财税金融、农业农村、"放管服"等重要领域和关键环节改革，打造机制活、效能高、服务优的良好营商环境，推进城市综合实力全面增强、区域竞争能力显著提升，争取在现代化建设进程中走在全省前列。

三 2022年嘉峪关市经济社会发展主要目标和发展建议

2022年是党的二十大召开之年，是"十四五"规划实施的关键之年，嘉峪关市立足新发展阶段、贯彻新发展理念、构建新发展格局，紧紧围绕"三地两点"功能定位，主动担当作为促改革，创新体制机制增活力，全力盘活存量、引入增量、提高质量、增强能量、做大总量，促进经济稳中向好、稳步提质，持续改善民生，保持社会大局稳定，努力打造省域副中心、建设西部明星城，奋力开创全市经济社会高质量发展的新局面。围绕上述目标，嘉峪关市要重点做好以下八个方面的工作。

（一）坚持科技创新引领，培育增强发展动能

强化科技创新驱动，围绕冶金产业"三化"改造及高端装备制造、新能源、

新材料等战略性新兴产业培育工作要求，鼓励酒钢集团公司、中核四〇四、索通公司等重点企业实施一批国家科技项目和省级、市级重大科技专项、科技小巨人项目。做精做细以钢、铝为主体的先进制造业，积极开发市场前景好的产品。依托优势产业龙头企业和科研机构推进工业互联网建设，发挥酒钢集团公司西沟矿"5G+智慧矿山"示范效应，加快智慧园区工业互联网应用平台建设。抢抓国家高新区向西部地区倾斜布局的有利时机，加大科技研发投入力度，优化创新平台三级培育体系，入库培育一批市级科技企业孵化器，争创2家省级科技企业孵化器。加快科技成果转化，积极搭建科技成果对接平台，吸引更多科技成果向嘉峪关市汇集并转化落地，力争全年技术合同成交额在10亿元以上。

（二）全面加快项目建设，增强经济发展后劲

始终把项目建设作为推动发展的硬支撑，加强项目谋划储备和精准调度，实行项目库动态管理，做好项目全要素保障，确保年度储备项目总投资规模保持在500亿元左右；全年计划实施500万元以上项目170个以上，力争完成年度投资在125亿元以上。聚焦"2+6+N"产业链集群，落实"链长"责任制，围绕打造钢铁及装备制造、电解铝及铝制品加工两条千亿级产业链发展目标，全力支持"链主"企业实施一批投资规模大、科技含量高、带动力强的好项目。紧盯城市基础设施和民生保障领域的短板，积极争取国家和省政府资金支持，加快实施机场路提升改造、老旧小区改造、园区生态基础设施、南湖幼儿园、数字政府等项目建设。加大招商引资力度，优化招商引资奖励政策，建立产业链招商工作机制，每条产业链组建一个招商专班，推动浙江甬金精密不锈钢板带、索通公司低碳产业园等重点招商引资项目尽快落地，力争年度招商引资到位投资额在50亿元以上。引导房地产开发提档升级，加快中鹏·星河湾、绿洲尚城、华城富力花园及沿街商业综合体等项目建设，改善群众居住环境，提升居民生活品质。

（三）聚焦延链补链强链，加快工业优化升级

坚定不移实施"工业强市"战略，全面落实重点产业链链长制，依托

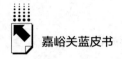

酒钢集团公司、中核四〇四等"链主"企业，推进钢、铝、核等产业链提升工程建设，带动工业经济提质增效，实现全市工业增加值增长 7.5%。围绕打造先进制造业要素聚集地的定位要求，推动传统产业改造升级，加快镀锌铝镁联合机组、烧结和炼铁工艺装备升级、超低排放改造等重点项目建设。打造国家重大战略保障城市，全方位服务支持国家核基地综合保障区建设，紧盯区域核产业发展需求，加强与航天晨光、中国一重、兰石重装等企业对接，积极引进民核、非核、核非标设备、高新技术及装备制造项目落地实施。加快国家高新技术产业开发区创建，着力发展园区经济，推行新增工业用地"标准地"出让，加快园区生态基础设施、天然气复线清洁能源利用、大宗固废利用等重点项目建设，推动新能源及配套产业项目落地实施。全面贯彻落实国家"双碳"政策，坚决遏制"两高"项目盲目发展，依法依规淘汰落后产能，积极引进实施高附加值产业项目，推动工业经济绿色可持续发展。

（四）加快文旅融合发展，促进三产提质增效

用足国家支持长城文化公园建设的利好政策，打造西部地区最具标识度和影响力的长城文化重要标志地。统筹推进保护传承、研究发掘、文旅融合、数字再现等工作，加快推进关城景区改造提升工程建设，实施三大景区（关城景区、关城里、丝路神画）融合连通、关城景区游客服务中心提升改造等项目，培育开发一批特色户外项目和研学旅行产品，拉长长城文化旅游和产业链条，全面提升国家全域旅游示范区品质。以景区、商圈、特色街区等为平台，开展城市商业提升行动，盘活城市综合体、商贸中心，加快国家核基地综合保障区商业中心、海联国际饭店等商贸综合体建设，提升名嘉汇、悦西市、大唐美食街等特色商圈服务质量，培育特色街区和精品商圈，做优做活商圈经济。推进中国西部现代物流港、国际港务区空港物流园、进口冷链食品监管总仓等现代物流项目前期工作，力争早日开工建设。

（五）深入推进乡村振兴，激发"三农"发展活力

坚持以工业化思路发展农业，优化调整种植养殖结构，持续推进现代丝

路寒旱农业优势特色产业三年倍增行动计划，加快实施省级现代都市农业产业园发展规划，建设良种繁育基地、标准化绿色种养基地和农产品冷链仓储设施，培育提升特色农产品品牌效应，开展农产品"三品一标"认证和"甘味""嘉味"品牌建设，形成高原夏菜、高效制种、优质饲草3个优势产业基地。推动农村全域土地综合整治和连片集中开发，有序推进农村土地流转，盘活集体土地资源和闲置宅基地。完善农村基础设施，建设7000亩高标准农田，培育发展规模化、集约化、机械化现代高效农业。加快文殊村等6个省级乡村建设示范村创建工作，组织实施河口村城乡融合示范项目。加快发展乡村文化休闲旅游产业，推动农旅融合发展，积极引导农民转移就业，拓宽农民增收渠道。

（六）提升城市建管水平，打造宜居宜业城市

进一步完善城市功能布局，实施城市更新行动，完成39个老旧小区改造，推进城市地下燃气管网改造，完善城市路网结构，推进城市部分区域防洪排涝设施改造，加强市场运行、园林绿化、市容环境、公益设施、公共交通等维护管理。推进ETC智慧停车试点工作，完成重点景区、机场、火车站、汽车站等公共停车场建设和改造。不断提升基层社会治理能力，加快实施小区物业门禁监控、社区服务中心提升、社区养老、绿化改造等项目，以群众的评价作为衡量基层社会治理成效的标准。持续打好污染防治攻坚战，抓好环保督察反馈问题整改和成果巩固工作，坚决完成年度环境质量、节能减排任务，以优美的生态环境来不断提升人民幸福生活指数。提高城市绿化美化品质，稳步推进国土绿化，加大湿地生态保护修复力度，开展重点区域生态修复治理工作，对主要公共空间绿地进行补植复壮，完善旅游景区及公园服务功能，推进园林绿化、农业灌溉节水改造。

（七）统筹社会事业发展，提高公共服务水平

深入推进健康嘉峪关专项行动，抓好5个省级重点专科和10个市级重点专科建设，提升医疗机构综合服务能力。完善医疗基础设施，实施市第一

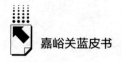

人民医院发热门诊、传染病医院、市疾病预防控制中心实验室检测能力提升等项目。完善居家社区机构相协调、医养康养相结合的养老服务体系，发展普惠型和互助型养老服务。持续改善办学条件，第二中学综合教学楼建成投用，有序推进南湖幼儿园、五一街区幼儿园、迎宾路小学等项目建设，实现新增中小学、幼儿园学位。倡导健康文明生活方式，广泛开展全民健身活动。强化就业政策支持，促进市场化社会化就业，健全就业需求调查和失业监测预警机制。认真办理省市惠民实事，切实解决一批群众"急难愁盼"的问题。

（八）深化关键领域改革，不断优化发展环境

持续推动国企改革三年行动，健全国有资产监管体制，推进混合所有制改革，围绕"混股权、改机制"重点任务，加大优质资产优化整合力度。全面启动政府融资平台公司整合升级项目，加快市场化转型发展，积极破解融资难题，提升直接融资能力。以深化"放管服"改革、优化营商环境为主线，加快数字政府建设，聚焦"一网通办、一网协同、一网统管、一门办理"，以不来即享、"告知承诺+容缺受理"、12345便民热线、一件事一次办、帮办代办、区域评估成果应用为支撑，打造"嘉快办、逾难关"政务服务品牌。深化农村集体产权制度改革，进一步培育壮大农村集体经济，建立健全收益分配机制，确保农村集体资产保值增值。深化科技体制机制改革，优化科研管理机制，推进财政科研项目经费"包干制"改革试点。

经济发展篇
Economic Development

B.2
2021年嘉峪关市固定资产投资
形势分析与2022年展望

牛　犇　张晓莺*

摘　要： 在工业和房地产开发投资的带动下，2021年嘉峪关市固定资产投资增速呈倒"V"形增长态势。但大项目、好项目，尤其是具有引领性和带动性的重大项目储备不足，民间投资乏力，投资持续增长的压力仍然较大。2022年，在稳投资政策持续加码发力的情况下，嘉峪关市需围绕工业投资、民间投资和基础设施投资等方面狠下功夫，更加注重投资效益，不断优化投资结构，以有效投资促进经济增长。

关键词： 固定资产投资　工业投资　有效投资

---

* 牛犇，嘉峪关市委政策研究室综合协调科科长，主要研究方向为经济数据统计；张晓莺，嘉峪关市工业和信息化局副局长，主要研究方向为社会固定资产投资分析。

一 2021年固定资产投资形势分析

2021 年，嘉峪关市围绕"强龙头、补链条、聚集群"的发展思路，延伸产业链、提升价值链、融通供应链，按照"前期项目抓开工、新建项目抓进度、续建项目抓竣工、所有项目抓投资"工作机制，落实市级领导包抓重大项目责任制，制定重大项目协调推进时间表、路线图，每个季度举行重大项目集中开工仪式，定期召开建设项目调度会，挖掘潜力优势，调动各方力量，积极应对风险挑战，实现了全年固定资产投资 6.90% 的增长目标（见图 1）。2021 年嘉峪关市固定资产投资主要呈现以下特点。

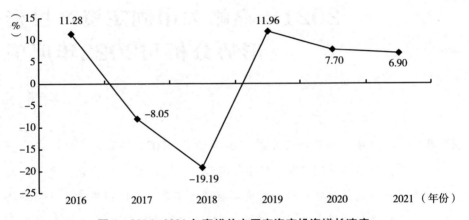

图 1　2016～2021 年嘉峪关市固定资产投资增长速度

资料来源：嘉峪关市统计局，经汇总整理后绘制。

（一）全年增长呈先快后慢走势

2021 年第一季度，由于受 2020 年新冠肺炎疫情影响，嘉峪关市固定资产投资同比基数较低，投资增速同比增长 9.5%，实现较高开局。第二季度，进入施工"黄金期"，嘉峪关市全面推动项目复开工，投资增速持续走高，增速攀升至 15.3%。第三季度，受基数快速变大、在库项目余量不足的影响，全市固定资产投资增速回落至 9.1%，低于全省固定资产投资平均增速 4.4 个百分点。到了第四季度,在 10 月遭遇突如其来的新冠肺炎疫情的严重影响下,全市虽然后期全力赶工期,但固定资产投资增速还是回落到 6.90%。[①]

(二)工业固定资产投资稳步提升

2021 年,嘉峪关市作为工业城市,仍以狠抓工业投资为主,以"冶金—循环经济—装备制造"和"光伏发电—电解铝—铝制品加工"两条千亿级产业链为支撑,依托酒钢集团公司、中核四〇四、东兴铝业等"链主"企业,通过创新强链、项目延链、招商补链,加快构建现代产业高质量发展体系。工业固定资产投资增速在 2021 年 4 月实现由负转正,全年工业固定资产投资稳步提升,同比增长 79.6%,增速在全省排名第二位,高于全省 38.8 个百分点。全市全年共实施各类工业建设项目 53 个,完成投资 34.73 亿元,为推动高质量发展奠定了坚实的基础。

(三)基础设施投资拉动作用明显

2021 年,支持基础设施建设的各项利好政策不断释放,嘉峪关市积极抢抓机遇,紧盯补齐城市功能短板、提升城市承载能力的工作目标,积极主动向上争取各类项目资金支持,全年在专项债券、一般债券、中央预算内等资金的支撑下,城镇老旧小区改造、城市地下管网、农林水利、生态环境保护等基础设施建设项目全面开花,基础设施投资同比增长 22.8%,发挥了基础建设投资"稳定器"的作用。

(四)房地产开发投资高速增长

2021 年,在国家核基地综合保障区、南湖国际、远东华府等重大房地产项目的带动下,全市房地产开发施工面积达 299 万平方米,同比增长 20.78%,固定资产投资增速高达 68.6%,对全市固定资产投资增长贡献率达 38.9%,是全市投资增长的重要引擎。

---

① 本报告数据由嘉峪关市发展和改革委员会汇总整理。

二 投资运行中的困难和问题

（一）重大项目储备不足

嘉峪关市产业结构相对单一，钢、铝等传统产业占比过大，在市场和政策的制约下，简单扩张的投资模式受到限制；第一产业规模较小，很难形成集聚效应；第三产业以房产地开发投资和政府投资为主，持续增长的后劲不足。围绕主导优势产业招商的成效没有显现出来，承接东中部产业转移的比较优势没有充分发挥出来，导致大项目、好项目储备不足。

（二）民间投资持续下降

从 2021 年 1~2 月民间投资下降 1.49%开始，降幅持续扩大，全年民间投资同比下降 33.61%。民间投资仅占全市固定资产投资的 20.75%。通过对项目的全面梳理发现，民间投资主要集中在钢铝深加工行业，受环保督查和环境约束趋紧影响，钢铁行业项目较少，投资者信心有待进一步提振。

（三）在库项目余量不足

2021 年，全市入库各类新建项目 96 个，计划总投资 136 亿元，累计在库项目 215 个，计划总投资 450 亿元，累计完成投资 306 亿元，通过对在库项目的盘点梳理，投资余量在 1 亿元以上且能够正常上报投资的项目数量较少。而在新入库项目中，酒钢本部 1 号 2 号焦炉优化升级建设项目计划投资总额为 24.6 亿元，占新入库项目投资额的比重为 18%；房地产项目计划总投资为 64.23 亿元，占新入库项目投资额的比重为 47.2%。嘉峪关市亟须增加一批产业类项目来支撑投资增长后劲。

三 2022年投资形势展望

2022 年，嘉峪关市面临"一带一路"建设、新时代西部大开发、"碳达峰、碳中和"和西部陆海新通道建设等国家重大战略机遇，以及国家将河西走廊作为重要的新能源产业基地、核产业基地和原材料基地的战略布局。嘉峪关市将抢抓机遇，依托"三地两点"功能定位，围绕"2+6+N"产业链，更加注重招商引资工作，把项目建设作为"强引擎"和"硬支撑"，扩大有效投资，促进产业集群发展。一是做精做强以钢、铝为主体的先进制造业，集中力量、有力有效地支持酒钢集团公司通过"三化"改造加快技术升级，全年酒钢集团公司计划实施各类项目48个，力争完成投资40亿元左右。二是培育壮大新能源产业，充分挖掘和利用全市充裕的电力调峰资源、现有电网优势及较为完善的工业配套基础，加快推进"十四五"第一批100万千瓦光伏发电项目开工，力争完成投资30亿元左右。三是立足打造省域副中心、建设西部明星城的定位，提升城乡品质，打造宜居、宜业、宜游、开放包容的幸福雄关，不断加强基础设施、民生事业领域补短板等方面项目建设，力争全年完成投资20亿元左右。四是积极稳妥推进房地产开发项目，深化与中核四○四协作推进机制，全方位服务国家核基地综合保障区项目建设，同时积极支持中鹏·星河湾住宅及沿街商业综合开发、华城·富力花园七期、显丰名郡住宅等项目建设，力争完成投资23亿元左右。五是围绕"2+6+N"产业链，加大招商引资力度，力争甬金年加工22万吨精密不锈钢板带、索通低碳产业园、海联国际星级饭店、顺恒冷链物流园等项目尽快开工，全年完成投资20亿元左右，实现固定资产投资12%的增长目标。

四 扩大有效投资的对策建议

2022年，为扩大有效投资，促进经济增长，嘉峪关市要在全市上下牢固树立"项目为王"的理念，对项目建设"早谋划、早动手、早审批、早开工"，实行"周调度、月推进、季通报"的工作机制，充分发挥投资对优化供需结构的关键性作用，培育发展产业类项目，增强经济支撑力和牵引力，做大经济总量，提升本市对全省生产总值的贡献率。要在重点推进新兴

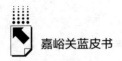

产业培育、基础设施和民生领域补短板等方面项目建设的同时，加强统筹协调，灵活配置资源要素，优化营商环境，通过积极有效的政策引导、措施推动，切实做好项目建设协调工作。

（一）紧盯省市清单抓落实

认真抓好全省重点投资项目、省列重大建设项目和重大前期项目"三个清单"的落地实施，明确开工时间、月度工程量计划等，确保项目按计划开复工，完成月度和季度投资计划任务，力争在全省高质量考核中排名靠前。同时，认真对照已审定通过的《嘉峪关市2022年政府投资项目计划（第一批）》和《嘉峪关市2022年企业投资项目计划》"两个计划"清单，实行"周调度、月推进、季通报"的工作机制，全力以赴抓项目推进，落实月度工程实物量，把"两个计划"清单转化为全年投资增长的重要支撑。

（二）优化三次产业投资结构

结合第一、二、三产业发展现状，调整优化三次产业投资结构。在第一产业方面，更加注重农业现代化建设，加快祁牧乳业万头牛场、高标准农田等项目建设，鼓励发展设施农业，推动农业做精做优。在第二产业方面，加快酒钢本部1号2号焦炉优化升级、碳钢薄板厂热轧酸洗板（2.5~6.0mm）镀锌铝镁联合机组、甬金股份年加工22万吨精密不锈钢板带、东兴铝业电解槽全石墨绿色降碳升级改造（四期）等项目建设进度，提升钢铁、电解铝、装备制造等产业发展质量；推动甘肃藏建年产180万吨胶凝材料、海中环保20万吨固（废）处置、硕永建材公司利用固体废物生产水泥地面透水砖等项目建成投产，不断提高第二产业在全市投资结构中的占比；坚持以酒钢自备电网为基础，合力加强能源储备、调峰设施等建设，发展壮大光伏产业，不断做大"源网荷储"规模，力争"十四五"第一批100万千瓦光伏发电项目尽快开工建设。在第三产业方面，更加注重质量效益提升，重点推进关城景区改造、关城景区游客服务中心提升改造、生活保障区商业中心、海联国际星级饭店、顺恒冷链物流园等项目落地实施。

（三）补齐和强化民生领域短板弱项

进一步支持城市更新行动、教育、医疗卫生、健康养老、幼育等公共服务领域设施建设。加快推进城市燃气管道老化更新改造、城市公共停车场、城镇老旧小区改造等城市更新行动项目开工。同时，逐年加大教育、医疗卫生、体育等短板弱项领域的投入力度。实施南湖幼儿园、五一街区幼儿园、国家核基地综合保障区幼儿园、中医医院二期、北市区游泳健身训练馆改造等项目，满足居民对教育、医疗卫生、体育等方面的需求，推进社会民生事业高质量发展。

（四）抓好重大项目谋划储备

认真研究国家和省上的投资方向和扶持重点，紧盯农林水利、生态环保、社会兜底、保障性安居工程、防洪排涝设施等重点领域，吃透有关政策，做好项目精准谋划工作，形成"储备一批、推进一批、争取一批、开工一批、建成一批"的滚动接续机制，久久为功、持续发力。做深做实项目前期工作，加快审批（备案、核准）、环评、用地等手续办理进度，积极主动争取中央预算内及债券项目资金支持，突出"两钱、多钱一用"①，打好政策资金"组合拳"，充分发挥好中央预算内资金与专项债券、一般债券资金的联合撬动作用，确保重点项目顺利推进。

（五）做好产业链招商引资

把招商引资作为经济工作的"生命线"，紧盯国家、省上重大政策和投资导向，将产业链、供应链发展作为招商引资的重中之重，以"2+6+N"产业链链长制为牵引，依托酒钢集团公司、中核四〇四优势企业资源，钢、铝、核优势产业资源，采取"强龙头、补链条、聚集群"招商思路，精准

---

① "两钱、多钱一用"是指统筹中央预算内资金、地方政府专项债券和市级财政资金、政策性开发性金融工具等多项政策资金，推动城市重大基础设施、民生社会事业、生态环境综合治理等政府投资项目落地建设。

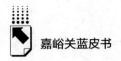
引进一批优质企业、优质项目。按照"有意向的项目不签约不放松、签约的项目不落地不放松、落实的项目不开工不放松、开工的项目不入库不放松"的工作要求,大力开展招商引资工作,探索开展专业化、市场化招商活动,确保全年招商引资实际到位资金增长12%以上。

(六)进一步优化营商环境

在制定印发《嘉峪关市政府投资管理办法》《嘉峪关市企业投资项目核准和备案管理办法》《嘉峪关市政府投资项目前期费管理办法》《嘉峪关市政府投资项目招标投标管理办法》的基础上,进一步规范投资项目审批流程,提升审批服务效能,激发各类市场主体活力。全面推动政务服务"一网通办",打造"嘉快办、逾难关"政务服务品牌。进一步扩大项目审批"告知承诺+容缺办理"范围,全面落实"前台统一受理、后台分类审批"工作要求,彻底打通服务企业的"最后一公里",真正实现让数据多跑路、让企业少跑腿,全面营造利企利民的良好投资发展环境。

B.3

2021年嘉峪关市金融情况分析及预测

韩耀伟 李鸿雁*

摘　要： 2021年，嘉峪关市金融工作聚焦高质量发展，围绕服务实体经济、防控金融风险、深化金融改革三大任务，发挥融资、支持、保障功能，信贷投放规模不断扩大，金融服务能力稳步提升，政金企担对接渠道更加畅通，金融生态环境不断优化，但仍存在企业融资难、难融资现象并存，化解金融风险压力较大等问题。本报告建议从全面提升信贷增量、深度推进产融结合、持续优化金融环境等方面入手，进一步提升金融服务地方经济发展能力，推进金融业高质量发展。

关键词： 金融环境　融资服务　金融风险

一 2021年嘉峪关市金融发展现状

2021年，嘉峪关市金融工作坚持聚焦高质量发展，围绕服务实体经济、防控金融风险、深化金融改革三大任务，发挥融资、支持、保障功能，利用稳健的货币政策、市场规律和资本力量，推动金融与产业紧密结合，促进企业融资增量、扩面、降价，为推动全市经济高质量发展蓄势赋能。

---

* 韩耀伟，嘉峪关市委政策研究室副主任、市委改革办副主任，主要研究方向为民生保障与社会事业发展；李鸿雁，嘉峪关市人民政府金融工作办公室金融服务科科长，主要研究方向为地方金融服务。

（一）金融政策机制更加健全

全面落实中央及省市关于金融支持实体经济发展的决策部署和工作要求，持续加强金融形势分析和政策研究，积极谋划金融助力高质量发展的举措，出台金融助力实体经济高质量发展、加大金融支持力度进一步优化营商环境、高风险机构化险等政策措施，建立金融资源与招商引资工作对接机制，制定金融服务工业园区发展工作方案，完善市长金融奖考核管理办法等措施，落实"六保"[1] 通报和市长金融奖考评机制，以优化服务为抓手，以扩大金融增量为重点，主动对接重点领域和薄弱环节，促进金融创新与企业需求有机衔接。

（二）信贷投放规模不断扩大

聚焦实体经济高质量发展，抢抓发展机遇、普惠政策红利，优化服务方式和产品创新，推动金融创新与企业需求有机衔接，建立绿色通道，打造全方位线上金融服务体系，提供精准度高、因企而异的差别化融资服务，着力破解融资难、融资贵、融资慢问题。截至 2021 年 12 月底，全市银行业金融机构本外币各项贷款余额为 579.46 亿元，同比增长 5.67%，存贷比为127%，金融支持实体经济发展能力进一步增强（见表 1）。[2]

表 1　嘉峪关市 2017~2021 年银行业金融机构本外币各项贷款余额情况

时间	贷款余额(万元)	同比增长(%)
2017 年 12 月底	5193875	8.73
2018 年 12 月底	5324038	2.51
2019 年 12 月底	5426464	1.92
2020 年 12 月底	5483814	1.06
2021 年 12 月底	5794620	5.67

资料来源：嘉峪关市人民政府金融工作办公室汇总整理。

---

[1]　"六保"是指保居民就业、保基本民生、保市场主体、保粮食能源安全、保产业链供应链稳定、保基层运转。

[2]　本报告数据由嘉峪关市人民政府金融工作办公室汇总整理。

（三）金融服务能力稳步提升

有效实施稳健的货币政策，围绕中小微企业融资需求，做好普惠小微企业贷款延期支持工具和普惠小微企业信用贷款支持计划两项直达工具接续转换工作，综合运用多种货币政策工具稳企纾困，推动贷款利率稳中有降让利市场主体，持续优化信贷结构，降低企业融资成本，扩大普惠金融覆盖面，精准帮扶、挖潜增效，使更多的金融"活水"流向实体经济特别是中小微企业。截至2021年12月底，全市中小微企业贷款余额为135.32亿元，同比增长12.13%，融资难题得到进一步缓解。

（四）政金企担对接渠道更加畅通

不断深化政金企担沟通合作，建立"分类摸排、线上线下推介、协调落实"融资对接机制，组织开展多层次多维度的政金企担融资对接活动，深入推进"百名行长进千企"对接活动，对接会现场达成4.72亿元融资协议落地，持续推动酒钢集团公司与中征平台应收账款融资服务对接协议落地，首笔1000万元知识产权质押贷款取得突破；依托"陇信通"平台，为274户企业提供"面对面""一对一"融资服务，达成1.06亿元信贷支持；定制"专精特新"企业专项服务计划，举办挂牌融资专题培训会，引导券商实地走访企业，确保政策精准直达市场主体，2021年全市直接融资额为44.78亿元，企业融资渠道进一步拓宽。

（五）金融生态环境不断优化

全面落实中央及省市防范化解金融风险的相关决策部署，科学制定金融风险防范化解、高风险机构化险、贯彻落实《防范和处置非法集资条例》、防范非法集资常态化宣传和宣传月等10余项工作方案，成立高风险机构化险领导小组和工作专班，履行属地责任，压实压紧金融机构主体责任和金融行业监管责任，坚持疏堵结合、系统推进，多措并举，稳妥推进嘉峪关农村商业银行股份有限公司首批退出高风险机构序列。开展类金融机构监管有效

防范化解金融风险专项整治活动、扫黑除恶整治金融乱象专项行动，对1.2万余户门店及企业进行排查、对275家平台进行监测，组织大型集中宣传4次、"七进"宣传教育65场，发放各类宣传资料10万余份，推送短信风险提示31万余条，新媒体平台宣传参与人数达500万人次，宣传的深度和广度不断延展，守住了不发生系统性、区域性金融风险的底线。

（六）地方金融组织运营更加规范

严格小额贷款公司、典当行、融资担保机构等地方金融组织报批、重大事项变更审核制度，常态化开展小额贷款公司、典当行、融资担保机构、融资租赁机构、商业保理机构等地方金融组织行业清源专项行动，对地方金融组织在重点抽查的基础上，开展全覆盖联合现场检查2轮次，依法依规注销问题机构2家，综合运用监管谈话、风险预警、协同处置等措施，督促地方金融组织合规守法经营，促进其健康发展。

二　金融工作的不足

（一）企业融资难、难融资现象并存

一方面，嘉峪关市民营和小微企业"小散弱"特征明显，复苏相对缓慢，经营面临成本上升、盈利下滑、资金链偏紧与商业融资标准匹配度不高等困境。另一方面，受项目体量较小、部分中小微企业抵质押担保条件落实难等制约，面临资金无项目可投资的"资产荒"问题，信贷持续增长缺乏动力支撑，融资难、难融资现象并存。

（二）金融风险形势日趋严峻

一方面，受经济下行及疫情影响，部分企业面临较大的资金压力，逾期增多，金融机构风险逐步显现，形势日趋严峻，化险工作面临较大挑战。另一方面，地方金融组织隐性风险较大。小额贷款公司、融资担保机构、典当行等机构规模总体偏小，抗风险能力较弱，潜在的风险较大。

三 加强金融工作的建议

（一）全面提升信贷增量

统筹疫情防控和经济社会发展，持续深入做好"六稳"[1]、"六保"工作，围绕"三地两点"功能定位和"2+6+N"产业链，强化统筹协调，找准金融服务的切入点和着力点，继续实施系列纾困政策，进一步优化金融资源配置，深化政金企担合作，创新发展绿色金融、普惠金融，提升政府性融资担保体系能力，推动四级保险机构提档升级，拉动地方经济增长，引导金融机构主动融入地方经济建设，提升信贷总量，做实信贷增量，下大力气解决融资难题。

（二）深度推进产融结合

全力服务市场主体、服务实体经济，为市场主体发展壮大、为实体经济转型升级提供更多优质金融产品是金融业的使命所在。对金融行业来说，应始终围绕激发和助力市场主体活力，加大对实体经济薄弱环节金融支持力度，为提升产业链、供应链现代化水平做出贡献。[2] 要抓住稳健货币政策灵活适度的机遇，用好降准降息、再贷款、再贴现等政策工具，释放更多资金以重点支持"2+6+N"产业链项目。全面落实普惠小微企业贷款延期还本付息支持工具转换为普惠小微企业贷款支持工具政策，支持银行机构积极向上争取信贷规模和信贷投放权限，推动"百名行长进千企"等对接活动，将更多长期、稳定、低成本的金融资源配置到工业园区等重点领域，促进其发展。积极发展民生保险、责任保险、农业险等产品，进一步拓宽和挖掘保险的广度与深度，充分发挥保险的社会"稳定器"作用。

---

① "六稳"是指稳就业、稳金融、稳外贸、稳外资、稳投资、稳预期，涵盖了我国经济生活的主要方面。

② 钱箐旎：《加大对实体经济薄弱环节金融支持》，《经济日报》2021年8月2日，第7版。

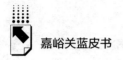

（三）持续优化金融环境

当前，面对复杂严峻的发展形势，特别是国际政治经济格局发生深刻变化，金融领域安全稳定面临多种风险挑战，需要建立权威高效、协调有力的工作机制，进一步压实和传导各方责任，推动形成维护金融稳定的强大合力。[①] 按照"稳定大局、统筹协调、分类施策、精准拆弹"的方针，坚持底线思维，增强系统观念，遵循市场化法治化原则，围绕 2022 年化险"时间表""任务图"，落实好"1+N"责任和政策体系，紧盯化险突出问题，压实各方责任，集中资源力量，抓好清收化险、发展化险、改革化险，降存量、控增量，高质量完成年度化险工作目标任务。巩固拓展防范化解重大金融风险攻坚战成果，压实企业自救主体责任，严密防范重大信用风险、流动性风险、涉众金融风险。持续深入开展防范非法集资宣传教育、监测预警、风险排查、案件处置等工作，推动地方金融组织减量增质，引导"空壳""失联"企业稳妥有序退出，切实维护地方经济金融秩序稳定。

---

① 陈果静：《金融稳定法（草案征求意见稿）发布——建立长效机制维护金融稳定》，金融号网，2022 年 4 月 7 日，http：// jrh. financeun. com/Detail/index/aid/127969. html。

B.4
2021年嘉峪关市非公经济
发展情况及建议

摘　要： 2021年，嘉峪关市非公经济发展呈现规模不断扩大、质量逐步向好的态势，为全市经济高质量发展提供了重要支撑。但由于受全球经济社会发展大环境的影响，以及受嘉峪关以重工业为主的产业结构制约，全市非公经济总体实力还不够强，集约化程度还不够高，运营成本优势不够突出，融资渠道不够通畅，政策落实不够精准，发展依然困难重重。本报告着重对2021年嘉峪关市非公经济发展的现状、特点进行了分析，在分析比较的基础上建设性提出了加大对中小企业政策扶持力度、加快打造一流营商环境、强化高技能人才引进和培养、支持民营经济技术创新等建议。

关键词： 非公经济　民营经济　中小企业

习近平总书记反复强调，要毫不动摇鼓励、支持、引导非公有制经济发展，支持民营企业发展，我国民营经济要走向更加广阔的舞台。① 《中共中央关于制定国民经济和社会发展第十四个五年规划和二〇三五年远景目标的建议》中提出，"破除制约民营企业发展的各种壁垒，完善促进中小微企业

*　朱万佳，嘉峪关市委政策研究室发展改革科科长、一级主任科员，主要研究方向为区域经济发展；张娜，嘉峪关市工业和信息化局中小企业科科员，主要研究方向为民营经济发展。

① 习近平：《在民营企业座谈会上的讲话（2018年11月1日）》，中国政府网，http://www.gov.cn/gongbao/content/2018/content_ 5341047.htm。

和个体工商户发展的法律环境和政策体系"。非公有制经济(简称"非公经济")已成为实现经济高质量发展、打造现代化经济体系的重要基础和力量,嘉峪关市高度重视非公有制经济的改革与发展,始终把支持发展非公经济作为经济发展的重中之重,从发展规划、产业布局、政策设计、市场培育、政务服务等方面全力推动非公经济主体稳健高效发展。

一 嘉峪关市非公经济发展现状分析

截至 2021 年 12 月底,嘉峪关市各类市场主体已发展到 30250 户,注册资本为 1005.16 亿元,同比分别增长 6.95%、6.91%。其中非公有制市场主体有 29666 户,注册资本为 655.99 亿元,同比分别增长 6.82%、12.35%。非公有制市场主体中,非公企业有 9736 户,注册资本为 638.19 亿元,同比分别增长 9.80%、12.55%;个体工商户有 19930 户,注册资本为 17.80 亿元,同比分别增长 5.42%、5.60%(见表1)。[①]

表1 2018~2021 年嘉峪关市非公经济发展主要数据

单位:户

年份	市场主体	非公有制市场主体	非公企业	个体工商户
2018	23226	22932	7114	15818
2019	25084	24870	7885	16985
2020	28283	27772	8867	18905
2021	30250	29666	9736	19930

资料来源:嘉峪关市统计局,汇总整理。

近年来,随着国家对民营经济发展支持力度的进一步加大,嘉峪关市非公企业的发展速度不断加快,涉及的行业门类更加多样,企业发展的内生动力、质量效益、创新能力在不断提升,特别是围绕冶金工业、文化旅游、商

---

① 数据来源:本报告数据来自《2021 年嘉峪关市国民经济和社会发展统计公报》,并由嘉峪关市市场监管局汇总整理。

贸流通、现代农业等全产业链发展，呈现规模由小到大、实力由弱到强的积极变化，成为全市产业经济的重要组成部分，为经济社会高质量发展提供了强有力的支撑。截至 2021 年 12 月，嘉峪关市共有规模以上非公企业 216 家，与 2020 年同期相比，增加 6 户，增长 2.86%。

2021 年，嘉峪关市相继出台了《嘉峪关市人民政府办公室关于印发嘉峪关市进一步贯彻支持中小企业发展制度工作方案的通知》、《落实 2021 年社会消费品零售总额增长目标工作方案》、《嘉峪关市 2021 年消费促进项目实施方案》及配套实施细则、《关于营造法治化营商环境的实施意见》、《税收支持民营经济发展 34 条措施》、《金融支持民营小微企业发展若干措施》、《关于加大财税政策支持力度持续优化营商环境的若干措施》、《疫情防控税收和社保费优惠政策及支持企业复工复产措施指引》、《嘉峪关市农业产业化重点龙头企业认定和运行监测管理办法》等务实管用、简便易行、含金量高的具体措施，为提振非公企业信心、不断壮大市场主体、促进非公企业高质量发展营造了良好的政策环境。

二　嘉峪关市非公经济发展需关注的问题

当前嘉峪关市非公经济发展仍然面临许多困难，既有全球经济大环境的影响，又有推动高质量发展阶段性的影响；既有政策落实不到位的问题，又有企业自身的原因。主要表现为"五个不够"。一是总体实力不够强。非公企业多属于小微企业，规上非公企业仅 216 户。多数非公企业经营管理粗放，整体效益不高，对产业支撑引领能力较弱。二是集约化程度不够高。非公企业普遍处于产业链低端，精深加工企业少，高科技企业更是凤毛麟角，"专精特新"产品较为缺乏，竞争能力不强。三是运营成本优势不够突出。制度性交易、用能用工等成本较高，特别是资源和市场两头在外，增加了生产和销售成本，受市场价格波动的影响明显。四是融资渠道不够通畅。受社会信用环境、项目管理能力和抵押物等的制约，中小微企业融资困难，传统产业提升、技术设备改造、扩大再生产需要的中长期贷款不足，一定程度上制约了企业

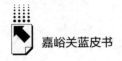

发展。五是政策落实还不够精准。政策叠加效应不明显，部分政策操作性不强，衔接落实不畅，缺资金、缺技术、缺人才等问题还没有得到很好破解。

三　嘉峪关市非公经济发展对策

2022 年，随着国家和甘肃省一系列稳定经济增长、助企纾困等政策的出台实施，以及疫情影响的持续减弱，嘉峪关市非公有制经济发展要实现经济规模进一步扩大、产业结构进一步优化、企业技术不断升级、企业治理结构进一步规范和完善，全市非公经济发展环境、要素、市场和质量显著好于往年，应着重抓好以下几个方面的工作。

（一）抓住用好各类扶持政策

高度重视各类政策在减轻非公企业负担、提振非公企业信心、激发非公经济活力、提高非公经济发展质量等方面的作用，用足用好国务院和甘肃省政府出台的关于稳经济一揽子政策措施，落实好地方出台的《大力扶持和促进非公有制经济加快发展的办法》《实体经济奖励办法》《深入推进大众创业万众创新实施方案》等一系列政策文件，不折不扣地兑现政府给市场主体的各项政策承诺。要对政策落实情况进行分析评估，主要评价惠企政策是否具有可操作性、是否符合发展导向、是否符合非公企业需求，政策受益面是否广泛和聚焦。要坚持"新官理旧账"，对各类企业在发展过程中遇到的手续办理、产权纠纷、资金难题、基础设施等相关问题要一企一策区别对待，本着发展的、实事求是的原则进行稳妥处理，切实为企业发展排忧解难。

（二）精准加大金融支持力度

抓住稳健货币政策灵活适度的机遇，用好降准降息、再贷款、再贴现等政策工具，释放更多资金以支持非公企业发展。引导金融机构创新开发"周转贷""信用贷"等个性化金融产品，引导做大信贷规模，围绕小微企业、科技创新、绿色发展做实信贷增量，为实体经济发展提供源源不断的内生动力。支持银行机构积极向上争取信贷规模和信贷投放权限，将更多长期、稳定、低成本的金融资源配置到工业园区等重点领域发展。对那些发展前景好、与嘉峪关市产业布局契合但是资金困难的产业，尝试推进天使投资、股权投资、风险投资甚至政府直投，弥补市场资金缺口，积极破解企业融资难的问题。积极发展民生保险、责任保险、农业险等产品，进一步拓宽和挖掘保险的广度与深度，充分发挥保险的社会"稳定器"作用。

（三）着力优化营商环境

牢固树立"人人都是营商环境、事事都是营商环境"理念，从战略的高度来认识营商环境，以高站位、宽视角来看待营商环境，将其作为一项关系发展全局、影响事业成功的重大举措来谋划和推进。要落实好《优化营商环境条例》《关于进一步优化营商环境更好服务市场主体的实施意见》《关于全面优化营商环境的若干措施》等政策文件。紧盯打造办事更高效的政务环境、企业更满意的政策环境、配置更合理的要素环境、支撑更有力的设施环境、活力更充盈的产业环境，着力深化"放管服"改革，完善"互联网+政务服务"和大数据平台建设，借鉴外省市先进经验，破解办事难、办事慢、多头跑、来回跑等问题。按照产业向园区集中、要素向项目集中的理念，弱化园区管理职能，强化服务功能，持续提升园区承载力，不断提升园区公共服务水平，推进园区企业集群发展、专业发展，高效保障项目落地和企业运营，以一流营商环境保障非公经济高质量发展。

（四）提升非公企业竞争力

充分发挥嘉峪关市促进中小企业和民营经济发展工作领导小组办公室作用，尽快制定出台《嘉峪关市强科技行动实施方案（2022—2025年）》，修订印发《嘉峪关市促进科技创新若干措施》，加大科技创新奖补和"揭榜挂帅"项目支持力度。研究出台《嘉峪关市瞪羚企业认定管理办法》、《嘉峪关市科技型企业认定管理办法》、《嘉峪关市科技企业孵化器认定和管理办法》、《嘉峪关市众创空间认定管理办法》和《嘉峪关市科技成果登记办

法》。强化科技创新型企业培育、认定和管理工作，推动落实"市级科技型企业—省级科技创新型企业—国家高新技术企业"三级培育体系，实施高新技术企业"十四五"倍增计划。加强民营企业科技创新成果转移转化服务平台建设，提升科技企业孵化器等服务机构的专业化、市场化能力，建立从咨询、孵化、加速至进入市场的全过程服务体系。鼓励大众创业万众创新，加快推进"创生个、个升限、个转企、小升规、规改股、股上市"，培育一批有技术、有前景、有市场的独角兽企业。

（五）强化非公有制经济管理人才培养

人才是推动经济社会发展最重要的资源，特别是对于非公经济发展来说起着决定性作用。要高度重视非公经济人才引进和培养，尤其注重管理人才培养，从政策引导、资金扶持、考核激励、培训教育、社会氛围等多方面加大对企业家、企业管理人才的支持和关爱。政府要对标国内先进地区的主要做法和经验，结合嘉峪关本地经济社会发展实际情况，制定相应的支持、激励、关爱的具体措施，拿出诚意、拿出真情，从有助于非公企业长远发展的角度推进政策出台和落实。要积极构建"亲""清"新型政商关系，引导非公企业家真正成为企业研发投入、技术创新、成果转化的管理者、设计者和推动者，大力弘扬企业家精神，在全社会努力营造重商、亲商、安商的浓厚氛围。

B.5
2021年嘉峪关市财政工作情况及预测

颜盼霞　谈守祎*

摘　要： 2021年，嘉峪关市牢牢把握稳中求进工作总基调，全面落实中央和省上积极的财政政策，坚持多措并举，真抓实干，狠抓征收管理，优化支出结构，抓实财政监管，全面深化财政体制机制改革，着力保障改善民生，服务经济社会发展的作用进一步凸显。2022年，嘉峪关市将紧紧围绕"三地两点"功能定位，紧盯"打造省域副中心、建设西部明星城"目标，进一步提高财政保障能力，奋力推动经济社会高质量发展。

关键词： 预算收支　增收节支　财政监管

2021年，嘉峪关市认真落实市委、市政府决策部署，千方百计抓收入，坚定不移促改革，积极主动履职能，提质增效推进财政各项工作发展。

一　财政工作的主要成效

（一）主要指标任务完成情况

一是一般公共预算收支情况。2021年，全市一般公共预算收入累计完成

＊ 颜盼霞，嘉峪关市委政策研究室财经研究科副科长，主要研究方向为地方财政统计与分析；谈守祎，嘉峪关市财政局办公室副主任、三级主任科员，主要研究方向为财政理论与政策。

23.59 亿元，为年预算的 124.8%，同比增长 29.8%，增幅在全省排名第一；一般公共预算支出累计完成 26.81 亿元，占变动预算的 100%，同比下降 7.3%。① 嘉峪关市 2021 年一般公共预算支出占比见图 1。

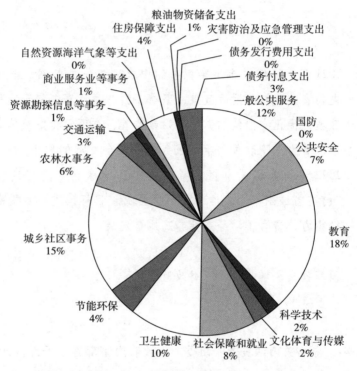

图 1　嘉峪关市 2021 年一般公共预算支出——主要科目比重情况

二是政府性基金预算收支情况。全市政府性基金预算收入累计完成 3.64 亿元，占年预算的 84.5%，同比增长 0.9%；支出累计完成 10.17 亿元，占年预算的 100%，同比下降 0.9%。

三是国有资本经营预算收支情况。全市国有资本经营预算收入累计完成 3146.2 万元，为年预算的 104.9%，同比下降 14%；支出累计完成 3566 万元，占调整预算的 100%，同比下降 10.1%。

---

① 本报告数据由嘉峪关市财政局汇总整理。

四是社保基金预算收支情况。全市社保基金预算收入累计完成 35.2 亿元，支出完成 33.9 亿元，当年结余 1.3 亿元，滚存结余 9.7 亿元。

（二）狠抓征收管理，财政收入应收尽收

一是千方百计抓收入。始终把组织收入放在财政工作首位，全面落实中央和省上积极的财政政策，做到应免尽免、当减则减。加大税收组织力度，通过对经济形势和税源情况分析研判，深挖税收潜力，确保应收尽收。完善财税联动机制，将收入任务分解到各个时间节点，明确任务，落实责任。强化非税收入项目和票据管理，有效推动依法征收工作，促进财政各项收入及时均衡入库。

二是主动作为育财源。积极寻求财源建设的有效途径和方法，全力支持企业发展，推动产业转型升级，切实增强收入管理的主动性、针对性、有效性。积极应对疫情，支持企业复工复产，按照"主动办、提早办、共同办"的原则，积极会同有关部门，提前预拨相关企业奖补资金，加大对企业资金支持力度，确保各项惠企政策落实到位。全年共发放创业担保贷款贴息资金 314.53 万元，拨付非公经济和实体经济奖励资金 569.52 万元。

三是全力以赴争资金。制定各部门向上争资目标，配合各部门做好项目申报和与省级对口部门的沟通衔接工作，提升向上争资的针对性和实效性。建立争资工作完成情况与科学发展观奖金发放挂钩机制，推进形成奖优罚劣的财政工作导向，压实部门争资责任。着重从交通基础设施、农林水利、生态环保、社会事业、城乡冷链物流、市政和产业园区基础设施、城镇老旧小区改造等领域入手，争取专项债券分配额度最大化，做到争取资金效益最大化，2021 年各部门向上争取资金共计到位 17.43 亿元。

（三）优化支出结构，助推经济转型发展

按照"先聚财、理好财、再用财"的理念，紧紧围绕市委、市政府工作重点，盘活存量、优化增量、调整结构，加快进度、提高绩效，聚集财力向重点项目、重要领域倾斜。

一是推动财政工作高质量发展。大力做好增收节支工作，牢固树立艰苦奋斗、勤俭节约思想，大力压减一般性支出（含公用经费），2021年共压减项目支出4.1亿元，将节约的资金统筹用于经济社会高质量发展，用政府的"紧日子"换取老百姓的"好日子"。进一步规范和优化财政资金使用、审批流程，印发《嘉峪关市财政性资金使用审批管理暂行办法》，明确各方职责，加大对各类财政性资金和全市各预算单位的监管力度，确保项目资金使用的安全性、规范性和有效性。

二是支持培育创新驱动发展优势。大力支持工业投资、园区建设、酒钢产业转型升级及创新发展，通过合理的财政支出政策来推进嘉峪关市产业结构优化。全年共拨付债券资金6.2亿元用于保障城市转型发展、支持重大项目建设。全面支持绿色低碳发展，加大环境保护投入力度，全年共安排市级环境保护专项资金199万元，拨付专项补助资金4800万元用于大气污染防治，其中，4300万元用于支持酒钢集团污染减排项目。坚持把科技领域作为财政支出重点，持续加大投入力度，大力支持科技人才培养、科技项目实施，全年市级财政共拨付科技经费4506万元，占一般公共预算支出的1.68%。

三是多举措助力全域旅游发展。统筹安排各类财政资金，保障全域旅游发展，促进旅游业提档升级。大力支持文体事业，加快构建嘉峪关市公共文化服务体系，丰富群众文体生活。全年文化体育支出2.23亿元，其中，安排文化旅游融合发展专项资金1亿元，兑现2020年全域旅游奖补资金234.6万元。

四是加快推进乡村振兴战略实施。围绕全市乡村振兴战略重点工作任务，认真落实各项强农惠农政策，主动作为对接项目，进一步明确财政支农重点，加强资金监管，积极整合各类涉农资金，全力推进农业农村经济高质量发展，全年共完成农林水务支出1.6亿元。通过惠农资金"一册明一折统"发放平台发放惠农补贴33项，共拨付资金1537.66万元，惠及农户6192户11418人。统筹整合财政涉农资金6011万元，用于支持农村种植业、村级集体经济、产业发展配套基础设施建设等22个项目。充分发挥财政资金的引导和杠杆作用，增强农民抵御风险能力，保障种养业收入稳定，促进农业农村经济健康有序发展。

（四）抓实财政监管，提高资金使用效益

一是加强预算绩效管理。强化预算项目绩效目标管理，对无具体内容、无支出测算、无绩效目标、测算和绩效目标不够细化的项目，一律不予安排。积极推进项目绩效评价结果应用，选取涉及民生保障、基础设施等领域的 15 个项目、10 个部门开展重点绩效评价，不断完善评价结果与预算安排挂钩机制。积极推进预算绩效管理信息系统建设，实现市级部门预算绩效管理全流程覆盖。

二是深入开展监督检查。完善"互联网＋监管"平台数据，深入推进"双随机、一公开"①，依法依规做好会计信息质量检查，定期开展非税收入收缴专项检查，不断强化财经纪律执行，有效堵塞管理漏洞。全年开展了疫情防控补助资金核查、2020 年度债券资金"回头看"核查、直达资金全流程监控、预决算公开情况检查、2021 年度会计监督检查等工作，有效确保了财政资金安全。坚持系统治理、源头治理，对标对表市委市政府原主要领导经济责任和自然资源资产离任审计查出的 12 项问题，成立整改领导小组，履行整改主体责任，举一反三、标本兼治，确保审计整改问题真改、实改、彻底改。

三是提高资金使用效益。坚持以评审质量为核心，强化效率和服务，有效控制项目投资成本，全年共完成预算评审项目 133 个，审核金额 11.05 亿元，审减 1.19 亿元；完成决算审核项目 106 个，审减投资 0.78 亿元。共备案政府采购项目 71 个，审核采购预算 1.36 亿元。实际完成政府采购项目 62 个，采购预算金额 1.27 亿元，实际采购金额 1.22 亿元，节约财政资金 528.64 万元。

---

① "双随机、一公开"，即在监管过程中随机抽取检查对象，随机选派执法检查人员，抽查情况及查处结果及时向社会公开。"双随机、一公开"是国务院办公厅于 2015 年 8 月发布的《国务院办公厅关于推广随机抽查规范事中事后监管的通知》中要求在全国全面推行的一种监管模式。

（五）全面深化改革，体制机制不断完善

一是推进预算管理提质增效。进一步完善预算管理制度，规范预算支出管理，向预算管理要财力，细化完善部门预算，提高预算编制的科学性、准确性和完整性。加大财政资金统筹力度，形成财力统筹考虑、项目统筹保障、管理统筹推进的局面。稳步推进非税收入收缴电子化改革，构建线上线下一体化收缴体系，提高缴款办理效率。深入推进预算管理一体化 2.0 系统运用，做到业务环节全覆盖。

二是转变职能提高办事效率。切实转变政府职能，深入推进"放管服"改革，提高办事质量和效率。坚持合法合规做好行政事业单位国有资产管理处置工作，严格按照程序开展资产转让、划拨、报废等工作，确保资产保值增值。全年累计处置资产申报共 872 项 1175 件，账面价值 5685 万元，处置收入 4.6 万元。2021 年全市纳入报告编报独立核算行政事业单位共 204 户，全市行政事业单位资产总计 92.36 亿元，较上年增长 7.48%；负债总计 4.74 亿元，较上年增长 14.88%；净资产总计 87.62 亿元，较上年增长 7.11%。持续推进财政信息化建设，不断加强网络信息管理、会计管理和培训工作，推广应用线上教学模式。

三是筑牢财政运行安全防线。妥善应对新形势新挑战，始终坚持兜牢"三保"底线、防范"三保"风险，将保工资、保运转、保基本民生相关支出摆到最优先序列。加强库款监测调度，统筹协调库款管理与预算执行，确保各项工资、民生政策落实到位，有效保证全市经济社会发展重点支出和各单位正常运转。紧盯防范化解目标，严控债务规模和风险等级，不断加强政府存量债务管理。通过年度预算资金安排、超收收入、盘活存量资金、企事业单位项目结转资金及项目经营收入、清理债务主体责任转化企业债务等方式，多管齐下，债务风险不断降低。

（六）着力保障民生，服务社会公益事业

不折不扣落实各项惠民政策，科学合理安排各类财政资金，优先保障民生投入，全年民生项目和社会事业发展累计支出 22.9 亿元，占一般公共预算支出的比例达到 85%。

一是稳步增进民生福祉。对照省、市确定的 16 件为民办实事项目，提前安排部署资金筹措工作，确保及时足额拨付。制定任务分工表，进行挂牌督办，从资金筹措、拨付、监管、绩效评价等方面，实现按月统计进度、按季分析督查、年终考核评价的办法全面推进，确保责任落实，服务到位，充分体现"取之于民、用之于民"的民生财政，全年省、市为民办实事项目共投入 0.47 亿元。

二是发展优质均衡教育。落实城乡义务教育"两免一补"、家庭经济困难学生资助等政策，巩固义务教育保障机制，促进教育均衡优质发展。加大财政资金统筹力度，支持公办幼儿园及其分园建设，补助优质民办幼儿园。加强义务教育和学前师资队伍建设，新增财政支出用于提高嘉峪关市临聘教师工资待遇，其工资待遇水平处于全省前列。全年共落实教育经费支出 5.2 亿元。

三是助推医疗卫生事业发展。10 月份疫情再次突袭而至，嘉峪关市第一时间启动应急预案，成立 9 个工作组先后两次深入 25 个单位调研了解疫情防控资金需求计划，加班加点测算资金需求，统筹安排财政资金，全年共拨付疫情防控资金 7404 万元。巩固基本医保、大病保险、医疗救助综合保障水平，扎实做好城乡居民医疗保障。按照"量力而行、积极推进"的原则，继续大力支持医疗卫生健康事业发展，全年落实医疗卫生及医疗机构能力建设资金 7502 万元。

四是完善社会保障服务。及时发放低保五保、特困供养、困境儿童、孤儿、困难残疾人生活补贴和重度残疾人护理补贴，落实特殊群体优抚政策，提高城乡低保和特困人员补助标准，各项民生政策得到有效落实。全年共发放各类补贴 3599 万元。统筹用好就业补助资金、职业技能提升行动资金、失业保险基金等，加大对重点群体就业扶持力度，多渠道促进就业创业。全年共拨付相关资金 6226 万元。

五是支持城建攻坚行动。不断加强城市和工业园区基础设施建设维护、

保障性住房安居工程建设、棚户区改造、老旧小区改造，不断完善城市基础设施和道路交通建设。全年共拨付城市基础设施维护资金6409.4万元、大环卫购买服务费用3600万元、交通建设项目资金5518万元。

二 财政工作的对策建议

2022年，嘉峪关市要紧紧围绕"三地两点"功能定位，紧盯"打造省域副中心、建设西部明星城"目标任务，进一步提升财政保障能力，奋力推动经济社会高质量发展。

（一）聚焦增收平衡，不断提升财政保障能力

围绕2022年度预算收入24.1亿元目标，将收入任务细化分解到每一周、每一天，落实"日督促、周调度、月检查"运行机制，以更加精准、更可操作、更具实效的工作举措，努力完成全年财政收入目标。健全非税收入征管激励约束机制，充分调动各方积极性，督促各执收单位应收尽收。聚焦市委、市政府决策部署，围绕"2+6+N"产业布局、文旅融合、航线培育等任务，充分发挥财政资金的引导放大作用，为进一步做大全市经济总量夯实基础、拓展空间、强化支撑。紧紧把握全省打造酒嘉省域副中心都市圈、河西走廊新能源基地等重要部署，抢抓发展机遇，全力以赴向上争资。

（二）聚焦民生保障，不断优化财政支出结构

始终聚焦保障和改善民生，重点投向医疗卫生、教育、科技、乡村振兴等重点领域。进一步树牢过"紧日子"思想，继续压减部门预算一般性支出（含公用经费），减少非急需、非刚性支出，将更多的财力投入"六稳""六保"工作中。紧盯市委市政府确定的重点项目、重点支出，围绕打造长城文化重要标志地，2个省级示范镇、6个示范村创建，宜居宜业城市建设等重点工作，积极发挥财政职能，通过预算资金安排、向上争取资金、撬动社会资

本等方式，积极争取省财政厅一般债券、专项债券支持，全力为重大项目提供资金保障。

（三）聚焦财政改革，不断提升财政治理效能

健全完善内部风险防控办法和操作规程，使内控贯彻渗透到财政工作各环节。适时开展内审工作，充分发挥财政监督"检测器""警示器"作用，实现财政资金分配使用更加科学、审慎。不断完善全员参与、全面覆盖、全程监控的监督体系，扎实开展会计信息质量、非税收入执行、财务收支、财政专项资金等各类监督检查活动，加大对各类财政性资金和全市各预算单位的监管力度，确保项目资金使用的安全性、规范性和有效性。深入实施绩效管理，强化预算约束，形成"事前有目标、事中有监控、事后有评价、评价结果有应用"的财政收支全过程闭环管理。

（四）聚焦防范目标，不断降低债务风险

牢固树立持之以恒、一以贯之、不留后患的安全理念，强化防范化解措施，不断降低债务风险。全面规范举债行为，管控债务规模，加强政府隐性债务监管，从严控制新增债务，加大政府性债务化解力度。

（五）聚焦队伍建设，不断展现财政担当

坚持抓好学习常态化、制度化，活化"传帮带"形式，加大青年干部跟踪培养力度。教育引导全局干部职工强化责任意识，积极履职尽责，树立"刀在石上磨，人在事上练"的主动作为鲜明导向，淬炼提升能力，破解新题难题，展现有为气象，全面推进工作落实。深入推进党风廉政建设，以"清廉财政""清廉机关"建设为抓手，从严从实落实好中央八项规定及其实施细则精神，打造一支忠诚干净、素质过硬、作风优良的财政干部队伍。

B.6
2021年嘉峪关市税费收入情况及工作对策

颜盼霞　王国民　付小燕*

摘　要： 2021年，嘉峪关市认真贯彻全市经济工作及全省税务工作会议精神，坚决落实各项税收优惠政策，全力组织各项税费收入，税费收入逼近70亿元大关，收入规模攀新高，社保基金收入、非税收入及其他收入完成预期目标，市场主体活力得到有效激发，为服务全市经济社会发展做出了积极贡献。本报告对税收增减因素进行分析，查找问题并提出对策建议，以持续推进地方经济社会发展。

关键词： 税费收入　增减因素　税费服务

一　2021年税费工作主要情况

2021年，在经济恢复增长的带动下，嘉峪关市完成税费收入69.32亿元，同比增长45.6%，增速比上年提高近54个百分点。[①] 其中，税收收入自2月份开始，连续11个月保持两位数增长，全年完成税收收入46.12亿元，同比增长51.8%，增速较2020年提高近59个百分点，税收增速和收入规模均

---

* 颜盼霞，嘉峪关市委政策研究室财经研究科副科长，主要研究方向为地方财政统计与分析；王国民，国家税务总局嘉峪关市税务局党委副书记、副局长，主要研究方向为税收制度与管理；付小燕，国家税务总局嘉峪关市税务局收入核算科副科长，主要研究方向为税收经济分析。

① 本报告数据由国家税务总局嘉峪关市税务局汇总整理。

创历史新高。完成一般公共预算地市级收入 21.02 亿元，同比增长 40.8%，增速较上年提高近 50 个百分点，税收对地方财政的贡献能力明显增强。

（一）分级次看，中央级税收增速高于地方级

2021 年，中央级税收完成 20.36 亿元，同比增长 62.9%；地方级税收完成 25.75 亿元，同比增长 44.0%。受增值税及两个所得税（企业所得税和个人所得税）增收影响，中央级增速高于地方级近 19 个百分点。其中，省级税收完成 6.43 亿元，同比增长 60.4%；地市级税收完成 19.32 亿元，同比增长 39.3%。

（二）分产业看，二产支撑税收总量增长

2021 年以来，在工业产品价格上涨等因素带动下，全市二产税收支撑作用不断增强。三次产业税收结构比为 0.02：70.26：29.72，二产税收占比较上年提高 8.85 个百分点。其中，在全市支柱税源行业金属冶炼和压延加工业（钢铁、铝）税收高幅增长的带动下，制造业税收增速最高、占比最大，同比增长 90.8%，占税收总收入的 59.0%（见图 1）；重点行业中，电力、热力、燃气及水的生产和供应业税收同比增长 11.0%，建筑业税收同比增长 37.4%，房地产业税收同比增长 40.4%。另外，批发和零售业、住宿和餐饮业、金融业、科学研究和技术服务、居民服务、修理和其他服务业、教育等行业税收均保持增长。

（三）分税种看，主体税种拉动明显

2021 年，在 14 个税种中，除环境保护税外，其他税种均实现同比增长。受支柱税源企业（酒钢宏兴和东兴铝业）税收增长拉动，全市增值税同比增长 45.0%；白酒销量增长，消费税同比增长 7.8%；酒钢宏兴以前年度巨亏弥补到期，入库企业所得税 3.61 亿元，拉动全市企业所得税增长2.8 倍以上；酒钢集团实施股权收购，股权转让所得大幅增长，居民收入稳定增长，带动工资、薪金所得增收，个人所得税同比增长 57.7%；购车需

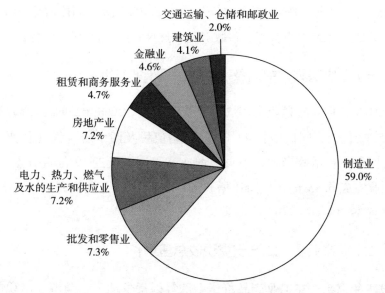

图1 2021年嘉峪关市重点行业税收占比情况

资料来源：国家税务总局嘉峪关市税务局汇总整理后绘制，下同。

求加速释放，车辆购置税同比增长14.0%。在地方税种中，受2020年土地增值税清算退税金额较大、同期基数较低影响，土地增值税同比增长72.8%；为解决历史遗留"登记难"问题，全市集中办理不动产权登记以及企业发生大额土地交易，契税同比增长20.8%；受工业产品价格上涨影响，经济合同金额增加，印花税同比增长18.4%；受部分企业将土地价值并入房产原值及全市房地产企业新建房产增长拉动，房产税同比增长8.0%；土地使用税实现小幅增长（见图2）。

（四）从重点税源看，重点企业税收贡献明显，税收占比超六成

2021年，酒钢集团在嘉企业入库税收29.8亿元，同比增长83.1%，占全市税收的64.6%。市级税收排名前100企业税收同比增长49.5%，增收5.77亿元，其中，增速正增长的企业有79户，增幅超过50%的企业有27户，税收增加的企业户数是减少户数的3.8倍，这反映了全市经济运行态势稳中有进。

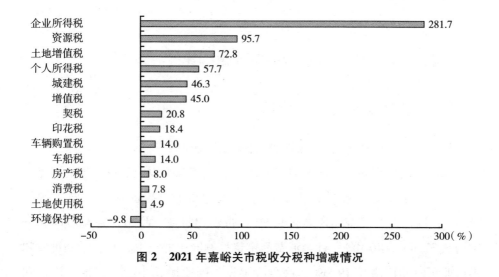

图 2   2021 年嘉峪关市税收分税种增减情况

二   非税收入及其他收入完成情况

2021 年，全市完成非税收入 1.89 亿元，同比增长 61.3%。其中，教育费附加完成 8590 万元，同比增长 46.2%；地方教育附加完成 5700 万元，同比增长 46.2%；残疾人就业保障金完成 1947 万元，同比增长 14.9%；税务部门罚没收入 29 万元，同比下降 6.5%；公路路产损坏赔偿费完成 153 万元，同比下降 21.5%；新划转的防空地下室易地建设费、水土保持补偿费、城镇垃圾处理费收入分别完成 946 万元、982 万元、534 万元。工会经费、职业年金等其他收入完成 1.43 亿元，同比增长 20.5%。

三   社保基金收入完成情况

2021 年，嘉峪关市社会保险基金完成 19.89 亿元，同比增长 33.8%。分项目看，养老保险基金完成 13.33 亿元，同比增长 45.4%；医疗保险基金完成 5.38 亿元，同比增长 6.9%；失业保险基金完成 0.49 亿元，同比增长 47.1%；工伤保险基金完成 0.69 亿元，同比增长 103.2%。

四 税收增减因素

（一）主要增收因素

1. 全市经济保持平稳运行是税收增长的主要原因

统计部门数据显示，2021年1~11月，全市规模以上工业增加值同比增长6.7%，带动全年规模以上工业企业入库税收32.68亿元，同比增长75.7%；固定资产投资同比增长9.5%，带动建筑业、房地产业税收同比分别增长37.4%、40.4%；社会消费品零售总额同比增长18.1%，带动批发和零售业税收同比增长19.6%；社会旅游收入同比增长16.8%，带动住宿和餐饮业税收同比增长25.5%。

2. 税收基数较低，税收实现补偿性增长

一是受疫情影响，2020年税收同比下降7.1%，税收基数较低；二是酒钢宏兴2020年处于弥补亏损期，无企业所得税，2021年弥补亏损到期，且市场环境好转，企业利润增加，累计入库企业所得税3.61亿元。

3. 主要工业产品价格上涨带动全市支柱行业税收增收

2021年以来，高线、螺纹、铝锭、铝液等9种主要工业产品产量及价格增速均保持正增长，带动金属冶炼和压延加工业税收同比增长1.1倍，占税收总量的51.6%。

4. 强化征管堵漏增收

2021年，税务部门做好清欠管理工作，加强税务稽查，入库欠税和查补税收5565万元，同比增长74.9%，占税收总量的1.2%。

（二）主要减收因素

1. 疫情对个别行业仍存在影响

2021年，受疫情影响较大、恢复较为缓慢的交通运输业税收持续低迷，同比下降12.2%。

2. 新增减税政策对税收增速的影响较大

2020 年中出台减税政策在 2021 年翘尾、2021 年展期实施减税政策以及 2021 年新出台减税政策新增减税拉低全市税收增速 7.4 个百分点。

3. 支持制造业中小微企业和煤电保供缓税减少税收

随着支持制造业中小微企业和煤电企业纾困解难等税收措施的全面落实，截至 2021 年 12 月，嘉峪关市为全市制造业中小微企业办理缓税 1102 万元，为纳入电力保供税收扶持的企业办理缓税 1272 万元。

五 税费工作的对策建议

（一）以法治思维抓组织收入，努力实现税费质优量增

一是恪守组织收入原则。必须始终坚持法治思维，牢固树立依法行政意识，严格依法依规征税收费，做到"应收尽收"，确保税收与经济协调增长，坚决守住不收"过头税费"的底线。① 落实"税费皆重"的要求，将社保费、非税收入和税收工作同安排、同落实、同考核。二是强化收入预测研判。科学预测增减因素，合理确定收入预算，保持收入目标与经济税源和减税降费相"协调"，加强税收分析预测，做好税收收入月度、季度间的统筹，防止大起大落。三是加强收入质量监控。协调处理好减与收、质与量、条与块、大与小、近与远"五个关系"，深化运用"一三五"② 税费收入研

---

① 大河财立方：《国家税务总局局长王军：坚决守住不收"过头税费"的底线》，搜狐网，2020 年 8 月 17 日，https://www.sohu.com/a/413587844_120109837。

② "一"是履行好征税收费的"第一职责"。"三"是优化"税费三观"，即从宏观层面研究税收与 GDP 的匹配度；从中观层面运用各类指标，做好税收与一般公共预算收入的关联度分析；从微观层面加强重点税源、重点区域、重点时段以及重点税种之间的关联性分析。"五"是深化减与收、质与量、条与块、大与小、远与近"五个关系"，处理好"减"与"收"的关系，确保该减的坚决减到位，该收的坚决收上来；处理好"质"与"量"的关系，确保组织收入质优量增；处理好"条"与"块"的关系，促进产业、行业协调发展；处理好"大"与"小"的关系，既要抓住重点的大税源，也要抓好一般的小税源；处理好"近"与"远"的关系，既要做好当前组织收入工作，也要提早谋划下阶段"十四五"工作。

判机制，加强税收分析，突出大企业"天气预报式"分析，形成高质量分析报告，发挥好"以税咨政"的作用。

（二）以雷锋精神抓减税降费，主动服务经济社会大局

一是强化组织抓落实。及时建立专组、成立专班，落实好税务总局"短平快优九个一"工作法①和省税务局升级后的甘"速""321"② 减税降费落实机制，力促各项税费支持政策落稳落细。二是强化辅导抓落实。做好"税务雷锋"，创新宣传辅导方式，运用纳税人缴费人容易理解的语言、容易接受的方式，精准推送政策、精细辅导解读，实现政策辅导全覆盖，宣传展示全方位。三是强化分析抓落实。密切跟踪政策运行情况，做细做实统计核算分析各环节工作，多维度开展政策效应专题分析工作，算好纳税人缴费人的红利账、减税降费政策实施的效应账、税费政策完善改进的明白账，及时研究报告政策执行中的问题及相关建议。

（三）以系统观念抓深化改革，深入推进征管质效提升

一是持续夯实税收征管基础。承接好金税四期、电子发票服务平台和全国统一的电子税务局上线任务，将数据质量管理贯穿始终。深化税收征管质量5C监控评价，逐项开展优化提升。二是持续加强社保非税管理工作。稳妥推进非税收入划转征收工作，积极主动参与社保基金预算的编制。取消过渡户和纸质缴款书，实现各项社保费资金统一归集国库。落实城乡居民"两险"、非税收入征管操作规程，拓展微信端非税收入申报缴费功能，提供更加便捷、安全、高效的缴费渠道。三是持续强化风险管理措施。继续实施风险任务扎口管理，狠抓风险应对质量提升和应对结果增值应用，强化对

---

① "短平快优九个一"工作法是指一面旗引领、一盘棋统筹、一张表推进、一竿子到底、一揽子服务、一个口答疑、一把尺核算、一体式督导、一股绳聚力，做到税费政策"码上可知"、咨询"线上可达"、业务"网上可办"、操作"掌上可行"。

② 甘"速""321"是指"三个一"出实招、"两防控"严管理、"一减法"速降率，其中，"三个一"即一招宣审、当雷峰，一键享受、快准优，一表指挥、上下明；"两防控"即防控"虚"享，防控"错"享；"一减法"即在放弃缓税率"分子"上做减法。

日常征管的风险监控，持续改进执法薄弱环节。夯实税收数据准确性这一根本基础，深挖税收数据"金山银库"，推动税收征管向"以数治税"的转变。

（四）以为民情怀抓税费服务，全面创优税收营商环境

一是大力提升服务便利化。继续深化"便民办税春风行动"，落实营商环境2.0升级行动，统筹做好营商环境调查辅导、纳税人满意度调查、政务服务"好差评"工作。加大"一窗办、一网办、简化办、马上办"整合力度，落实第一批全国通办税费事项清单，进一步压缩出口退税平均办理时间，优化税费服务"一键即享""直达快享"举措，推进12366纳税缴费服务热线与12345政务服务热线整合，扩大"银税互动"受惠面，持续提升纳税人缴费人满意度和获得感。二是打亮"嘉"速度服务品牌。在落实甘"速"办的基础上，以更优服务、更快速度、更高效率打造具有地方特色的"嘉速度、逾难关"服务品牌，深度融入"数字甘肃"建设，拓宽"网上办""掌上办"事项范围，凸显不来即享、项目管家、无证明城市等服务品牌的集成效应，服务"六稳""六保"，增强企业发展信心，实现无忧办税的"嘉"速度。

B.7

2021年嘉峪关市农业产业
发展情况及预测

杨平刚　张奇艳*

摘　要： 2021年，嘉峪关市紧紧围绕优化农业产业结构、推进重点项目建设、加强技术指导服务、强化监督抽查检查、拓宽农产品销售渠道、全面深化农村改革等方面全面发力，实施乡村振兴战略。但全市农业农村经济仍存在特色优势产业培育不足、龙头企业带动作用弱、农产品品牌影响力不强等制约因素。2022年，嘉峪关市须全力抓好粮食和重要农产品供给，持续推进重点项目建设，强化现代农业装备支撑和推广应用，大力发展现代特色农业产业，强化乡村振兴金融服务，以推进一、二、三产业融合发展，确保农业稳产增产、农民稳步增收、农村稳定安宁。

关键词： 现代农业　农业产业　农民增收

　　2021年，嘉峪关市农业产业以实现高质量发展为主线，增加农民收入为核心，深入推进农业供给侧结构性改革，全面实施乡村振兴战略，推动农业提质增效、农村文明进步、农民增收致富。全年完成农业增加值5.7亿元，增速为3.6%，实现农民人均可支配收入24726元，增速为10%。①

---

*　杨平刚，嘉峪关市委副秘书长、市委办公室主任，主要研究方向为农村经济发展；张奇艳，嘉峪关市农业农村局产业科科员，主要研究方向为农业经济发展。
①　本报告数据由嘉峪关市农业农村局汇总整理。

一 农业农村工作开展情况

（一）优化农业产业结构，保障农产品有效供给

围绕城市需求，发展乡村供给，全力落实粮食安全生产。2021年，嘉峪关市落实农作物播种面积9.73万亩，其中，粮食播种面积为4.98万亩，完成下达任务的124.5%，产量为3.07万吨，完成下达任务的107.7%；瓜菜制种为4.03万亩，甜叶菊为0.34万亩，饲草及其他作物为0.51万亩。依托畜牧良种补贴项目，加快推进畜禽良种繁育体系建设，完成牛冻配改良0.48万头、肉羊杂交改良3.5万只，引进推广优良鸡28万只、良种猪12.54万头，畜禽总饲养量达到64.03万头只，同比增长6.6%，肉蛋奶总量为4.6万吨，同比增长17.94%。全市形成优质瓜菜、优良畜禽、经济林果、高效制种等特色优势产业，推进现代农业发展。

（二）推进重点项目建设，夯实农业发展基础

大力实施高标准农田建设，投资2820万元，实施高标准农田建设项目15120亩，其中，高效节水面积为8165亩，其他高标准农田面积为6955亩，全面提升耕地质量水平，提高土地经营效益。完成天兆宏源良种猪繁育基地一期提标升级改造，养殖规模不断扩大，存栏良种猪2.3万头。投资1.39亿元，完成甘肃祁牧乳业牧场扩建项目基础设施建设并投入生产。投资1.89亿元，加快推进省级现代农业产业园创建工作，完成建设规划和创建方案的修订，按照"一园三区多点"的空间结构布局，建设以特色种植业、养殖业、休闲观光为主的各镇现代农业产业区3个，交易市场、加工配送、电商销售中心、农业休闲观光示范点15个，基本建成集设施种植业、设施养殖业、规模化种养基地、现代生产要素、农旅融合发展于一体的都市现代农业产业园。推进农产品冷链物流设施建设，从源头加快解决农产品出村进城"最初一公里"问题，建设机械冷库2个，库容9000立方米，储藏

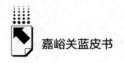

能力达到 1800 吨，促使农产品产后损失率显著下降，销售期得到延长，实现了错峰上市，推动鲜活农产品销售更加顺畅。

（三）加强技术指导服务，提高农业生产效益

以良种良法为抓手，大力开展粮食、蔬菜、瓜果等新优、高抗品种和畜禽新品种引进试验示范推广活动，不断提高农作物、畜禽良种率，提升农业生产效益。2021 年引进筛选粮食、瓜菜新优品种 53 个，畜禽新品种 15 个，农作物、畜禽良种化覆盖率分别在 95% 和 90% 以上。开展技术指导与服务工作，落实田间管理措施，科学合理灌溉施肥，有效防范应对自然灾害和重大病虫害风险；推广畜禽标准化养殖技术，开展畜禽品种改良活动，扎实做好动物疫病防控工作，提高养殖效益。紧紧围绕全市特色优势主导产业和农作物种植结构的调整，加大农业机械新装备的推广应用力度，推广适宜嘉峪关市种植的农业机械，提升农业生产现代化水平，降低生产成本，提高农业生产效率；实施智能农机装备技术示范应用项目，建立玉米、马铃薯全程机械化示范基地 1000 亩，引进示范智能化农机装备 21 台套，全市农机总动力预计达到 12.57 万千瓦，农作物耕种收综合机械化水平达到 82%。

（四）强化监督抽查检查，确保农产品质量安全

2021 年，嘉峪关市制定了《嘉峪关市 2021 年农产品质量安全监测工作方案》，开展重点产品定量检测工作，共抽检生产基地、养殖场、屠宰场的农产品样品 504 批次 3989 项次（其中种植产品样品 438 批次 3772 项次，畜水产品样品 66 批次 217 项次），检验结果全部合格，完成 1.5 批次/千人检测任务。配合省级开展农产品质量安全监督抽查，共抽检嘉峪关市生产基地、养殖场、屠宰场、农贸市场农产品 3 次，每次抽检种植产品样品 88 个，畜产品样品 30 个，共抽检种植产品样品 264 个，畜产品样品 90 个。持续推行食用农产品合格证工作制度，全市共有 24 家农产品生产经营主体实施合格证制度，开具食用农产品合格证 1756 张，上市农产品 4680 吨，有效确保农产品质量安全。

（五）拓宽农产品销售渠道，增加农户经营性收入

利用节假日，举办梨花节、西瓜节等乡村旅游节会，乡村旅游消费动能集聚释放，促进农旅融合发展，带动休闲农业经营收入快速增长。举办农事节会 4 场次，接待消费者 65.22 万人次，带动农户 424 户，营业收入达 3064.53 万元，较 2020 年增长 29.36%。巩固拓展"双促双增"精准帮扶成果，挖掘帮扶单位对接销售农产品潜力，进一步加大帮扶单位直接购买、推介消费农产品力度，建立长期稳定的供销关系，动员社会各方力量扩大特色农产品消费规模，做大特色农产品"订单"，推进本地农产品进机关、进超市、进学校、进食堂，全年对接销售农产品 343.93 吨，实现销售收入 418 万元。

（六）全面深化农村改革，推进农村经济发展

2021 年，市农业农村局邀请省农经站领导专家举办了全市农村集体产权制度改革培训班两期，培训业务骨干及村级股份经济合作社成员 110 人次。开展农村集体产权制度改革"回头看"和自查验收工作，组织开展农村产权制度改革省级验收和"三变"改革①第三方评估验收工作，市农业农村局被省委、省政府授予"全省农村土地承包经营权确权登记颁证工作先进集体"称号。为加大新型经营主体培育力度，坚持"扶优、扶强、扶大"的原则，新培育农业龙头企业 1 家，新认定市级示范社 1 家，全市共有市级以上农业龙头企业 7 家，国家级示范社 3 家、省级 21 家、市级 22 家，龙头企业带动农户 2774 户，实现营业收入 37810 万元，增长 11.63%。持续深化

---

① 农村"三变"改革发端于贵州六盘水市，即资源变资产、资金变股金、农民变股东。资源变资产是指村集体将集体土地、林地、水域等自然资源要素，通过入股等方式加以盘活；资金变股金是指在不改变资金使用性质及用途的前提下，将各级财政投入到农村的农业生产发展资金（补贴、救济、应急类资金除外）、农业资源及生态保护补助资金（直接兑现给农户的除外）、扶贫开发资金、农村基础设施建设资金、支持村集体发展资金等，量化为村集体股金投入各类经营主体，村集体和农民（贫困户优先）参与分红；农民变股东是指农民将个人的资源、资产、资金、技术、技艺等，入股到经营主体，成为股东，参与分红。

"放管服"改革工作，着力优化农业行业营商环境，进入政务服务中心政务服务事项 31 件，办理行政审批事项 321 项，清理权责事项清单 246 项，"双公示"① 系统公示执法信息 234 条，容缺受理事项 2 项。

（七）落实各项惠农政策，拓宽农民增收渠道

加大各项惠农惠民政策资金争取力度，持续落实好各类农业惠农政策，为农业发展保驾护航。2021 年重点落实好耕地地力保护补贴、种粮农民一次性补贴、农机购置补贴、农业保险、草原奖补、粮改饲等 6 项补贴政策，兑付耕地地力保护补贴资金 416 万元，种粮农民一次性补贴资金 77 万元；完成中央农机购置补贴 209.5 万元；完成中央、省、市农业保险 15 个品种 19 个险种，保费金额 52.7 万元；落实"粮改饲"全株青贮玉米收贮 1.67 万亩、5.92 万吨，兑付中央财政补助资金 148.8 万元，持续增加农民收入。

（八）加大农业综合执法力度，保障农业生产安全

持续开展农产品质量"治违禁、控药残、促提升"三年行动、兽药经营规范化提升行动、渔政亮剑 2021 专项行动、兽用抗菌药专项行动、生鲜乳专项行动、水产养殖用投入品专项整治 6 个专项行动，切实保障全市人民"舌尖上"的安全。开展种业监管执法年活动专项整治工作，组织全市 13 家种子经营企业和 31 家种子生产企业负责人参加专题培训班，解读相关法律法规，签订诚信经营承诺书，发放农资诚信守法经营告知书，压实种子生产经营企业守法经营的主体责任。开展农资打假和私屠滥宰专项整治行动，采用"八小时外"巡查、多部门联合执法、"检打联动"执法、"双随机、一公开"执法等方式，全年共查处案件 22 起，查处举报线索 28 个，捣毁私屠滥宰窝点 6 个。积极创建全国农业行政执法示范单位和市级依法办事示范单位，20 名执法人员通过培训考试取得执法证，规范执法检查和案卷制作流程，1 个案卷被评为全省优秀案卷。

---

① "双公示"是指行政许可、行政处罚等信用信息作出决定后上网公示的制度。

（九）推进农村人居环境整治，建设宜居美丽乡村

充分发挥乡镇、村级组织和驻村帮扶队作用，强化环境卫生角落的清理和整治，为有效推动工作开展凝聚强大合力，组成市农村人居环境整治工作督查组，定期开展督查活动，有效引导农民群众形成良好的生活习惯。扎实开展"农村环境14乱"专项治理、村庄清洁行动，共清理生活垃圾17万余吨、畜禽养殖粪污等1600余吨、道路沿线排水沟渠385公里、淤泥近60吨，清理乱搭乱建棚舍、废弃厂房、烂墙烂圈等483处，整齐堆放秸秆、柴草、农机具等生产生活资料1900余处。强化农村面源污染治理，实施化肥农药零增长行动，大力推广测土配方施肥技术，建立耕地质量监测点10个，开展化肥肥效试验6个，化肥利用率在40.1%以上，更新更换施药机械4台、喷药泵6套、无人机电池4组，开展农作物病虫害统防统治和绿色防控工作，统防统治覆盖率达到43.1%，农药利用率达到41.0%；实施废旧农膜"以旧换新"政策，推广畜禽粪污堆肥发酵就地就近消纳、还田利用、集中处理等技术模式，开展农作物秸秆"三贮一化"技术推广应用工作，废旧农膜回收率在80.2%以上，畜禽粪污资源化综合利用率达到87.5%。

二　农业农村工作存在的问题

（一）特色优势产业培育不足

由于耕地面积少，农业产业规模小、种植结构单一、土地流转规模较小，产业向高效绿色方向发展力度不足，农产品品牌知名度弱，缺乏竞争力，市场占有率低，产品附加值低。

（二）龙头企业带动作用弱

虽然立足区位优势，嘉峪关市培育引进了一批龙头企业、农民专业合作社等经营主体，但仍存在新型经营主体培育不足等问题。上述问题导致农业

产业化水平较低，产业链不长，没能形成走得出去、叫得响的优势产业和主导产业，制约了农村经济快速发展。

（三）农产品品牌影响力不强

全市每年积极开展农产品"三品一标"认证和"甘味"农产品申报，但农产品加工能力不强，产品档次和知名度不高，缺乏竞争力，市场占有率低，难以更有效地拓展市场空间。

（四）农业发展资金投入不足

农业重大项目少，农业投融资困难，固定资产投资乏力，资金严重短缺，加上农业短期效益不高，影响企业投资的积极性，制约了当前农业向深度和广度发展。

（五）农民可支配收入增长难度大

为确保粮食稳产增效，粮食作物种植面积有所增加，经济作物减少，农民增收压力大。加之嘉峪关市农民人均可支配收入基数大，每增长1个百分点的绝对增长值相应变大，实现高速度增长的难度越来越大（见表1）。

表1 嘉峪关市 2016~2021 年农民人均纯收入、增幅与全省对比情况

年份	全市农民人均纯收入（元）	较上年增幅（%）	高于全省平均水平（元）
2016	16462	7.3	9005
2017	17796	8.1	9720
2018	19291	8.4	10487
2019	21027	9.0	11398
2020	22478	6.9	12134
2021	24726	10.0	13393

资料来源：嘉峪关市统计局，汇总整理。

三 农业农村工作开展的对策

2022 年，嘉峪关市深入贯彻落实中央、省委农村工作会议精神，围绕"服务城市、保障城市、富裕农民"的目标，精准把握"三农"工作着力点，接续全面推进乡村振兴，确保粮食播种面积稳定在 4 万亩以上，产量在 3 万吨以上；完成农业增加值 6 亿元，同比增长 6%；完成农村居民人均可支配收入26704 元，同比增长 8%，实现农业稳产增产、农民稳步增收、农村稳定安宁。为实现上述目标，本报告提出以下几点对策和建议。

（一）全力抓好粮食和重要农产品供给

全面落实粮食安全党政同责，粮食播种面积稳定在 4 万亩以上，产量保持在 3 万吨以上。推广粮食新品种、新技术，组建农技服务队伍，加强田间日常管理，提升粮食单产和品质。落实"菜篮子"市长负责制，积极推进蔬菜保供基地建设，蔬菜种植面积在 3 万亩以上。落实生猪生产长效性支持政策，能繁母猪稳定在 0.5 万头以上。加大牛羊品种改良力度，推进三元杂交模式应用，提升肉牛、肉羊品质和综合生产能力，增加牛羊肉供给量。

（二）持续推进重点项目建设

以创建省级都市现代农业产业园为契机，加强高标准农田建设，强基础，补短板，确保粮食安全和做好重要农产品的稳价保供工作，新建高标准农田 7000 亩。推动实施天兆宏源猪业有限公司良种猪繁育基地二期改扩建项目，新增生猪产能 2 万头；推进祁牧乳业牧场扩建项目奶牛引进和扩繁达产，从智利引进的 1000 头优质荷斯坦奶牛到场隔离观察，年内全部完成性控授配，年底存栏奶牛 0.88 万头以上；持续推进"粮改饲"行动，种植青贮玉米 1.5 万亩以上，建设优质饲用燕麦原种繁育基地 1000 亩；建设农产品产地冷藏保鲜设施 14000 立方米，实施"快递进村"工程，从源头解决农产品出村进城"最初一公里"问题。加大农业科技示范和畜牧良种繁育

体系建设力度，大力推广农业新品种、新技术，提高良种覆盖率；加强农业面源污染治理，大力开展农作物统防统治和绿色防控，加强废旧农膜回收利用和尾菜治理工作，力争统防统治率在44%以上，废旧农膜回收利用率在83%以上；实施农机装备技术集成示范推广项目，落实农机购置补贴政策，提升农机装备水平，促进农业生产规模化、集约化，推动传统农业向现代农业转变。

（三）强化现代农业装备支撑和推广应用

示范推广现代丝路寒旱农业成套技术和装备，利用戈壁日光温室种植樱桃、草莓、火龙果等高附加值农作物，提高经济效益和农产品附加值。严格落实国家新一轮农机购置补贴政策，支持新型经营主体提升农机装备水平，增强农民合作社、家庭农场等服务功能。充分利用戈壁、沙滩、荒漠等不适宜传统耕作的土地，在不破坏生态环境的前提下，大力发展以戈壁农业为主的钢架大棚、日光温室等现代设施农业。鼓励发展新型生态循环设施养殖。推广应用水肥一体化、饲喂自动化、环境控制智能化等设施装备技术。

（四）大力发展现代特色农业产业

按照"2+6+N"产业链部署，着力打造农业全产业链，推进现代丝路寒旱农业优势特色产业三年倍增行动，加快打造百亿级现代农业产业集群，重点建设有机蔬菜、现代畜牧、经济林果、休闲农业4条产业链，推进"建链"基础性工作。建立健全农产品质量安全追溯体系，加大"三品一标"农产品认证力度，积极参加各类农产品产销推介会，加大"甘味"农产品品牌培育和推介力度。大力推进食用农产品合格证制度，加强农产品质量安全监管，管控上市农产品常规农兽药残留超标问题。

（五）强化乡村振兴金融服务

支持银行业金融机构积极开展农户贷款、保单质押贷款、农机具和农业设施抵押贷款业务，积极制订与探索乡村振兴信贷计划和投融资中长期信贷模式，开发专属金融产品支持新型农业经营主体和农业新产业、新业态。加强政府性融资担保体系建设，建立完善"政银担"融资担保贷款风险分担机制。加强农村信用体系建设，深入开展信用户、信用村、信用镇创建。落实 2022 年农业保险承保计划，中央、省级保险种类达到 14 个品种 18 个险种，稳步扩大主要粮食作物农业保险覆盖面。开展优势特色农产品保险以奖代补工作，健全农业再保险制度。

B.8
2021年嘉峪关市通道物流经济
发展情况分析

于奋勇　梁彦春*

摘　要： 本报告概括总结了嘉峪关市通道物流经济发展的背景及2021年通道物流经济发展情况，简要分析了其存在的问题和面临的形势机遇。2021年，嘉峪关市全力推动带动性项目建设和培育第三方物流企业，在加快现代化物流升级等方面取得积极成效。本报告建议2022年全市通过打造陆港经济体系、积极融入"一带一路"西部陆海新通道、加大现代物流业培育力度等举措，积极推进现代通道物流经济发展，使其更好地融入嘉峪关发展大格局。

关键词： 通道物流业　物流经济　交通运输

通道物流业是指物流集成体利用国内和国际交通运输主要通道、基础设施和经济、技术、信息及载运工具组织等连接方式，形成以物流业与工农商等产业联动发展为基础的高质量、高技术、高水准的生产服务及消费服务产业。物流通道是指从运输通道基础上发展起来的，形成以点、线等单一运输功能为基础，向综合化方向发展，功能向全面化过渡，在一种或多种运输方式且方向一致的干线运输线路、物流节点、物流设备及物流信息线路等相关物流服务机构有效管理下，实现有机结合的综合物流服务系统。

---

* 于奋勇，嘉峪关市人大常委会副秘书长兼信访室主任，主要研究方向为社会保障与经济发展；梁彦春，嘉峪关市商务局口岸管理科（国际发展合作科）科长，主要研究方向为通道物流管理。

一 嘉峪关通道物流经济发展的背景及优势

嘉峪关市位于甘肃省河西走廊中部,东接河西重镇酒泉市肃州区,西连石油城玉门市,南与张掖市肃南裕固族自治县接壤,北与酒泉市金塔县、酒泉卫星发射基地相邻,是甘、新、青、蒙四省区的结合部,古丝绸之路的交通要冲,明代万里长城的西端起点,也是新亚欧大陆桥上的中转重镇,我国内地通往新疆和中亚的交通枢纽,素有"天下第一雄关""边陲锁钥"之称。境内及周边地区大中企业聚集,技术力量雄厚,西北钢铁基地、玉门石油基地、中国核工业基地和酒泉卫星发射基地鼎足相邻,是甘肃西部生产要素最富集、最活跃的地区。境内公路、铁路、航空运输呈立体交通格局,国道312线、G30高速公路纵贯全境。嘉峪关火车站是河西走廊最大的铁路枢纽编组站,嘉峪关南站是兰新高铁重要交通节点之一,嘉峪关机场是亚欧航路上的4E级国际备降机场,开通北京、天津、上海、西安、成都等20余个城市航线。优越的地理区位、便捷的交通条件使得嘉峪关面向国际可对接新亚欧大陆桥、中蒙俄和中巴经济走廊,面向国内可对接青藏铁路、京新高速、中新南向通道,成为除甘肃兰州之外枢纽作用最突出的地域。因此,嘉峪关市发展通道物流经济潜力巨大。

二 2021年通道物流经济发展情况

据调查,2021年,嘉峪关市通道物流企业有137家,规模以上库内企业有7家,以酒钢货物、大宗贸易产品、零担快递商品运输为主。2021年1~8月,规模以上库内企业总营业收入为10.7亿元,2020年同期收入7.6亿元,同比增长40.79%。全市公路运输业实现货运量6354万吨,增长5.1%;货物周转量为568502万吨公里,增长7.02%。民用航空完成货邮吞吐量1271.7吨,下降24.47%。邮政快递业务量219.89万件,增长26.18%,比2020年下降5.48%;快递业务收入4108.05万元,同比增长49.64%。①

---

① 本报告数据由嘉峪关市商务局汇总整理。

（一）全力推动带动性项目建设

2021年嘉峪关机场改扩建工程项目和嘉峪关市S06酒嘉绕城高速公路工程项目被列为省领导包抓重大带动性项目。其中，机场改扩建工程项目已通过评审，可行性研究报告也获得省政府批复，场外配套工程开始实施；S06酒嘉绕城高速公路工程新的可行性研究报告和初步设计稿经甘肃省发展和改革委员会批复，嘉峪关段工程稳步推进，截至2021年12月底累计完成投资额15亿元。嘉峪关国际港务区空港物流园、金翼城乡电商物流快递园等7个项目被列入市级领导包抓项目。其中，嘉峪关国际港务区空港物流园项目是抢抓嘉峪关国际航空口岸列入国家和省"十三五"发展规划机遇，结合嘉峪关机场改扩建和航空货运发展需求，被纳入全省"十三五"规划建设的三大空港项目之一。《甘肃（嘉峪关）国际空港总体规划（2018—2030年）》已获得省政府批复。2019年，项目可行性研究报告已经市发改委批复。运营管理计划采取"政府主导、企业参股、市场化运作"的PPP模式与社会资本方合作建设，通过土地增值、出租收入、服务费用、项目投资等途径获得盈利，正在开展招商工作。嘉峪关机场航空口岸建设自2013年11月开始启动，先后得到甘肃省口岸管理办公室、兰州海关、甘肃出入境边防检查总站、民航甘肃安全监督管理局等部门的大力支持。按照工作推进要求，2020年5月，嘉峪关市向省口岸管理办公室上报了《嘉峪关市人民政府关于恳请将嘉峪关机场航空口岸列入国家口岸发展"十四五"规划的函》，同时委托北京中航建研航空设计咨询有限公司完成了《嘉峪关机场航空口岸开放项目可行性研究报告》编制工作并上报省口岸管理办公室。

（二）积极培育第三方物流企业，加快现代化物流升级

以现代物流产业为先导推动经济转型升级，积极推动以酒钢物流为龙头的自营物流企业向第三方物流企业转型，充分发挥金翼城乡电商快递物流集散中心第三方物流示范企业带动引领作用，紧盯五金产品集散地建设，打造西北地区和面向中亚、西亚的小五金、小机电、小机械生产加工和集散中

心。全力引进陕西京东、甘肃国美等物流配送基地入驻嘉峪关市，加快推进西部天地物流配送中心、中国西部现代物流港等项目建设，打造集群仓储、冷链、配送、运输等综合物流服务的大型现代物流园区，助力嘉峪关市建成"智慧物流基地"。

三　嘉峪关市通道物流经济发展存在的主要问题

（一）对外物流辐射能力较弱

嘉峪关通道物流业发展的主要对象是酒钢集团钢铁铝产业。全市公路货运方面集中表现为钢铁铝原料在市域内短途配送和厂区短距离运输，而依托公路物流通道对周边地区的辐射运输量较小。铁路枢纽方面表现为煤炭和金属矿石的到达原燃料多，钢铝产业外发产成品较少。空运方面表现为对客运飞机腹舱运输潜力挖掘严重不足，高附加值的航空快递业务亟待大力培育。

（二）制造业与物流业缺乏联动

嘉峪关市是依托酒钢集团公司的发展而兴起的工矿型城市，大量的物流业务是围绕酒钢产业展开的，长期以来"大而全""小而全"的运作模式造成物流自营比例较大，企业资源占据多，社会化程度低，服务和盈利意识欠缺，费用居高不下。企业自建物流系统资金投入大，导致大量基础设施和装备购置风险增加，难以集中资源和力量做好核心业务。受大宗企业物流占据社会公共资源的制约，全市能够提供现代化、专业化系统服务的第三方物流相对缺乏，以致对制造业与物流业联动的影响十分有限。

（三）物流业发展基础薄弱

以中国西部现代物流港、金翼城乡电商快递物流集散中心等为主的物流企业经营规模小，管理落后，实力薄弱，加之自身发展资金不足，尚处于培育起步建设阶段。已建园区存在基础设施配套短板、理念落后、缺乏专业人

才等问题。嘉峪关市要建设现代化物流配送体系，尚须加大对国内外知名品牌物流企业的招商引资力度，但全市缺少现代化的物流龙头企业带动。

四 嘉峪关市通道物流经济发展形势分析

通道物流应与产业物流、城市物流紧密结合。嘉峪关拥有得天独厚的资源优势，初步形成了具有以下特点的产业布局体系。一是全市形成了以金属冶炼为主导，文化旅游、商贸物流服务为支撑，建材、光伏发电、煤化工、装备制造、特色农业等新兴产业共同发展的产业分布格局。二是酒嘉地区地域相连，资源和功能互补，经济腹地共生相依，是省内重要的工业化地区和河西商品粮基地的重要组成部分，城镇发展人口承载力、资源承载力较强。三是酒钢集团等公司开展了与英、德等国密切的经贸和技术交流，基本具备"一带一路"对外产能合作条件。四是嘉峪关在交通条件、产业支撑、城镇发展、对外开放和制度保障等方面已经具备了构建全国性综合交通枢纽和发展枢纽经济的基础条件，只有将通道与枢纽有效衔接，才能有力地推动区域经济发展。五是产业物流可以支持空港临空产业等相关产业和既有产业园区布局。六是推进酒嘉区域经济一体化，陆港物流布局与区域经济一体化共同促进物流业集约型高质量发展。

五 促进嘉峪关市通道物流经济发展的对策建议

通道物流业是区域物流业实现更大或更高层次物流网络的从业企业集合，也是一个区域物流业高级化发展的典型，通道物流业发展水平如何，直接影响该区域物流业发展的前景和水平。特别是近年来，物流业发展呈现越来越规模化、信息化、集成化以及智能物流、智慧物流的创新趋势。与此同时，国家陆续出台了多项政策文件，支持利用物流业支撑区域经济发展。因此，嘉峪关市的通道物流发展应积极融入国家物流行业发展的大势，全面践行"创新、协调、绿色、开放、共享"五大发展理念，使其真正升级成为工业经济和枢纽经济百花齐放的"港产新城"、产城融合绿色幸福的"宜居之城"、智慧知性精细发展的"现代之城"。

（一）打造陆港经济体系

陆港是设在内陆经济中心城市铁路、公路交集处，便于货物装卸、运输、存储的车站，是内陆经济中心城市依照有关国际运输法规、条约和惯例设立对外开放的通商口岸和现代物流操作平台，也是沿海港口为内陆中心城市经济发展提供方便快捷的国际港口服务的支线港口。[①] 在国家"一带一路"倡议和新时代西部大开发的背景下，构建外达内畅、衔接高效的综合交通枢纽体系——陆港，是内陆地区更好地参与丝绸之路经济带建设、发挥联通陆海作用、快速融入全球竞争合作的重要途径。嘉峪关通道经济发展可充分利用空港、陆港物流枢纽与国际接轨，实现立体物流网链与通道网络体系对接，以国际物流枢纽地位的集成引力形成产业布局圈，以产业领导企业的集成力辐射经济动能，辐射网链终端产品可达网络区域，促进形成引导通道物流业发展的源泉和支撑保障、创新延伸体系，发挥其基础性、战略性和先导性作用。

（二）积极融入"一带一路"西部陆海新通道

东南亚市场是我国重要的钢材出口目的地，该地区由于潮湿多雨的气候条件，对不锈钢、铝制品的需求很旺盛，这与酒钢集团公司、中威斯铝业等企业产品高度吻合。按照《甘肃省合作共建中新互联互通项目南向通道工作方案（2018—2020年）》中"构建'一中心四枢纽五节点'现代物流产业战略布局""推进南向通道货运班列常态化运行""支持南向通道班列实施优惠政策"等要求，可考虑协调兰州始发南向通道班列延伸至嘉峪关集运始发，开展中新互联互通西部陆海新通道公铁联运直通工作。同时，通过加深和广西投资集团合作关系以商引商，面向西南地区和东南亚市场，以钢

---

① 谭老师地理工作室：《【新微专题】全国卷的陆港到底讲了啥？地理科普来了!!!》，搜狐网，2021年6月16日，https://www.sohu.com/a/472276319_100941。

铝等产品市场延伸为龙头，突出特色产品产业优势，加强与广西北部湾口岸联系，建立跨区域商贸流通合作发展机制，开展公铁海耐腐蚀集装箱制造及货物联运，促进西北、西南地区生产要素流动和融合协同发展。"陆海新通道"是由中国西部省份与新加坡合作打造的陆海贸易新通道，以重庆为运营中心，以广西、贵州、甘肃等西部省份为关键节点，利用铁路、海运、公路、航空等多种运输方式，通过广西北部湾等沿海沿边口岸，通达新加坡及东盟等主要物流节点，较之陇海兰新通道陆路运距缩短约 500 公里，海运缩短约 1000 海里，成为西部地区提高内陆开放水平、参与"一带一路"建设、推动西部大开发形成全新格局的重要平台载体。

（三）加大现代物流业培育力度

1. 加快发展制造业，培育第三方物流企业

现代物流是提升制造业企业核心竞争力的重要手段，制造业则是物流业发展的需求基础，制造业与物流业联动发展，有利于制造业产业升级、增强市场竞争力、提高物流业服务能力，对调整优化产业结构、转变经济发展方式具有重要意义。随着国家"一带一路"建设和新一轮西部大开发的深入实施，制造业的发展也在逐步向西部内陆地区延伸。

2. 完善物流服务体系和竞争机制，搭建沟通对接平台，加快物流基础设施和物流标准化建设

鼓励现有运输、仓储、货代、联运、快递等有关企业，引进现代物流体系专业技术人才，进一步降低物流成本，加快物流资源服务和功能服务整合、延伸，全方位推动现代物流转型升级。

3. 加强冷链物流、冷库等配套基础设施建设，加强产销一体化经营、配送连锁经营，发展电子商务等新兴模式

支持祁牧乳业、紫轩葡萄酒等重点食品加工企业发展，抓紧国内餐饮消费结构加快向品质化升级的有利契机，加大品牌宣传力度，积极发展航空冷链物流，开展进出口贸易工作，不断提高市场占有率。密切关注农产品物流运输发展方向，进一步完善乡村物流配送体系，积极开拓城乡双向流通的物流市场。

B.9
2021年嘉峪关市新能源产业
发展情况分析及建议

杨殿锋　赵晓燕*

摘　要： 2021年，嘉峪关市认真贯彻党中央、国务院关于"碳达峰""碳中和"的重大决策部署，立足新发展阶段，完整准确全面贯彻新发展理念，聚焦"三地两点"功能定位，把加快推进新能源项目建设作为全市经济转型突破的重要抓手，坚持盘活存量、引入增量、提高质量、做大总量，有序推进新能源产业高质量发展。

关键词： 新能源　新能源产业　新能源项目

一　新能源产业发展情况

2021年以来，嘉峪关市新能源产业坚持集中式和分布式并举，就地消纳与外送消纳并举，持续扩大建设规模，着力增加太阳能光伏发电非化石能源供给，积极构建多元互补的新能源供应体系，产业规模化、基地化建设初具规模。截至2021年12月，全市建成、在建并网光伏发电项目总装机容量884兆瓦。① 其中，建成并网发电项目809兆瓦，占91.5%；在建项目75兆瓦，占8.5%；入驻园区企业20户；全年实现发电量11.7亿千瓦时，建成区占地面积21.35平方公里，总投资85亿元。新能源消费占能源消费总量的比重为

---

* 杨殿锋，嘉峪关市委政策研究室主任，主要研究方向为马克思主义基本原理；赵晓燕，嘉峪关市发展和改革委员会能源科科长、四级调研员，主要研究方向为节能及新能源。
① 本报告数据由嘉峪关市发展和改革委员会汇总整理。

3%，新能源装机容量占电力总装机容量的比重为 20%。全市电源结构以火电为主，以光电、水电和余热余压发电为辅。电源总装机容量 4189.9 兆瓦。其中，常规火电总装机规模 3073 兆瓦，光电装机规模 884 兆瓦、余热余压装机规模 229 兆瓦、水电装机规模 3.9 兆瓦。现有酒钢 330 千伏变电站 2 座、330 千伏开关站 2 座、330 千伏电解铝整流变电站 3 座、110 千伏变电站 17 座。国网嘉峪关供电公司现有 330 千伏变电站 2 座、110 千伏变电站 4 座、35 千伏变电站 2 座。2021 年全社会用电量 294.9 亿千瓦时，其中工业用电量 289.97 亿千瓦时（酒钢用电量 257 亿千瓦时，市属工业用电量 32.97 亿千瓦时）（见图 1、图 2、图 3）。

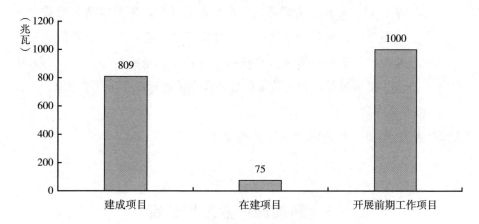

图 1 2021 年嘉峪关市新能源项目总装机容量

资料来源：嘉峪关市发展和改革委员会汇总整理后绘制。

全市新能源装备制造业已培育形成了酒钢西部重工、酒钢汇丰公司、甘肃申能等新能源装备制造龙头企业，具备了年产 15 万吨风电塔筒、5000 吨风电铸件、1 万吨光伏支架、800 台光伏专用智能汇流箱、5000 台套高低压开关柜、500 套锚栓锚杆的产能。新能源及装备制造产业链主要集中在产业链的中下游，新能源装备制造企业有 7 家。新能源及装备制造产业链发展具备一定基础，但还存在进一步扩大新能源建设用地受限，新能源及装备制造产业链规模小、高附加值产品少，配套装备制造产业链企业大多处于低端环节、产业带动能力弱，等等问题。

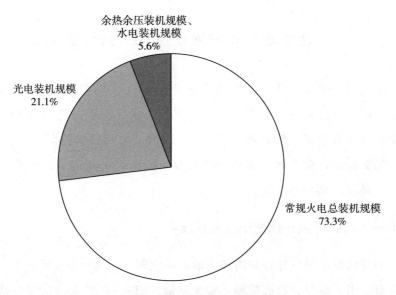

图2　2021年嘉峪关市电源结构

资料来源：嘉峪关市发展和改革委员会汇总整理后绘制。

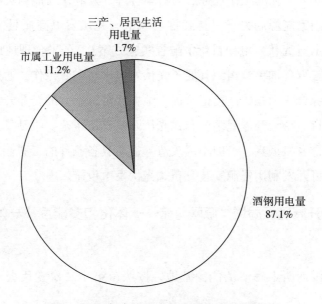

图3　2021年嘉峪关市用电量构成基本情况

资料来源：嘉峪关市发展和改革委员会汇总整理后绘制。

二　新能源产业发展重点任务推进情况

嘉峪关市按照市第十二次党代会提出的"加快培育壮大新能源产业，形成百亿级新能源及装备制造产业链"工作要求，围绕打造"2+6+N"产业链集群及"新能源优势转换放大地"部署，以"源网荷储"一体化①示范项目为突破口，全力做大做强新能源及新能源装备制造业，推进"源网荷储"一体化示范项目实施。

（一）持续扩大光伏发电建设规模

按照光伏发电开发建设与市场消纳并举原则，在现有发展规模上，坚持盘活存量、引入增量、提高质量、做大总量，② 进一步扩大光伏发电基地建设规模。2021 年，省发改委下达嘉峪关市"十四五"第一批光伏发电项目装机规模 100 万千瓦的工作任务。为科学合理开发利用新能源资源，嘉峪关市严格遵循国家能源局关于"持续推动风电、光伏发电高质量发展"的要求，科学制定《光伏发电项目竞争配置实施方案》，公平合理地设置竞争要素。委托第三方咨询单位组织开展了光伏发电项目配置工作，通过公平竞争优选，选择综合实力强、诚信记录优、地方经济贡献大的企业开发建设全市光伏发电项目。持续开展屋顶分布式光伏开发整市示范。鼓励具备实力的大型企业，结合乡村振兴、老旧小区改造等，对具备条件的工商业屋顶、公共建筑屋顶等可开发利用资源安装分布式光伏发电设施。

（二）开展酒嘉局域"源网荷储"一体化和多能互补一体化方案编制论证

加快建设河西走廊清洁能源基地，按照市第十二次党代会部署，聚焦

---

①　国务院：《2030 年前碳达峰行动方案》，2021 年 10 月 26 日。
②　《甘肃省人民政府关于甘肃省 2021 年上半年国民经济和社会发展计划执行情况的报告》，甘肃人大网，2022 年 3 月 28 日，http://rdgb.gsrdw.gov.cn/2022/240_0328/3015.html。

"三地两点"功能定位,创新发展模式,打造嘉峪关市、酒泉市、酒钢集团(两市一企)局域"源网荷储"一体化示范,共建地企局域电网,培育壮大特色优势产业。依托区域资源优势和产业基础,以就地消纳新能源电力为目标,深化区域协作,做大"源网荷储"规模。按先试点、再推广的原则,积极推进酒嘉局域"源网荷储"一体化试点。开展"源网荷储"一体化和多能互补一体化方案课题专项研究,分析研究构建多能互补综合能源系统的可行性和最佳技术路线。同时,以园区级"源网荷储"一体化绿色直供工业园区示范项目为抓手,整合索通低碳产业园、浙江甬金22万吨精密不锈钢板带、大友2×33000千伏安工业硅矿热炉等新增高载能项目,试点开展园区级"源网荷储"一体化示范项目,提高新能源就地消纳比例,实现新能源绿色电力直供消纳,率先建成全省新能源绿色电力直供示范工程。

(三)支持酒钢大型风光电基地建设

酒钢集团公司利用酒泉市风光资源,2021年建设1200兆瓦风光电项目及配套输配电线路工程,形成"风—光—火—荷—储"互补调控机制,实现新能源代替自备电厂火力发电、新能源就地高效利用的新模式和高度融合的新型局域电力系统。2021年5月,酒钢集团公司编制完成《酒钢集团电力系统就地消纳新能源——风光火储一体化示范项目建设方案》。2021年11月,项目被列入国家发改委第一批以沙漠、戈壁、荒漠地区为重点的大型风电光伏基地建设项目清单,风光电建设规模120万千瓦。

(四)推进新能源及装备制造产业发展

围绕"强龙头、补链条、聚集群",研究制定《新能源及装备制造产业链工作实施方案》,明确了发展目标和重点任务,加快培育形成新能源全产业链,谋划储备形成总投资180亿元的新能源及装备制造产业链项目库。深入开展产业链发展现状调研工作,召开行业、部门、企业专题座谈会,逐项梳理产业链各环节发展短板,研究谋划产业链发展重点。成立工作专班定期研究解决产业链项目建设重大事项,加强调度督导和要素保障,形成工作密

切配合、上下联动、互通信息、共促发展的产业链工作机制。全力支持酒钢、索通等"链主"企业积极参与新能源产业，培育发展储能装备制造业，加快推进索通公司 10 万吨高性能锂离子电池负极材料扩产项目。围绕产业链上、中、下游产业，初步筛选确定招商引资的重点区域和企业，明确招商引资签约目标任务，重点引进光伏组件、光伏玻璃、逆变器、汇流箱、光伏电池、封装胶膜等光伏装备制造领域生产项目。

三　新能源产业发展的工作建议

（一）项目用地采取租赁收费

全市新能源项目集中布局在嘉西光伏产业园，园区土地为国有未利用土地。新增 100 万千瓦项目总占地面积 28000 亩。为提高土地资源利用效率，腾退建设用地指标（可腾退建设用地指标面积 32025 亩），增加地方财政收入。借鉴周边市县做法，对所有光伏发电项目采取土地租赁方式供地，建议由市自然资源、工业园区等部门与光伏发电企业商谈确定光伏项目土地租赁方式及价格。

（二）建立产业互保共建发展机制

组织酒钢集团公司、市属新能源装备制造企业、新能源企业开展产品供需对接活动，畅通产品采购和供应渠道。在坚持市场配置要素和公平竞争的前提下，新能源企业优先采购本市企业生产的材料设备，优先使用本市施工企业，优先使用本市劳务人员。酒钢公司及市属工业企业优质同价提供相关产品和服务，确保产品质量、做好售后服务，满足企业项目建设需求。

（三）成立新能源产业链发展协会

学习借鉴先进地区的成功经验，成立新能源产业链发展协会，发挥协会桥梁作用，加强协会会员与政府、社会及国内相关组织的联系，整合行业优质资源，谋划抱团发展、合作共赢的机制，促进能源技术进步和先进技术的推广，为新能源企业提供良好的关于交易、技术、信息服务和新能源产业发展等方面的政策环境与产业基础。

（四）打造"光伏+旅游+科普"新模式

依托关城、长城第一墩、悬壁长城等优质文化旅游资源及新能源基地建设，策划实施"光伏+旅游+科普"创意产业园，充分体现集观光、旅游、科普、体验、游玩功能于一体的独具特色的新模式，提升整体旅游品牌吸引力，提高和扩大嘉峪关的知名度和影响力，融合放大文化旅游业、新能源产业的综合效应。

（五）推动氢能产业发展落地示范

培育氢能产业，推进电解水制氢试点，谋划制氢、氢存储、氢运输、加氢站、氢燃料电池"五位一体"的氢能产业园，有序推动制氢产业基础设施建设。

（六）谋划西部算力枢纽数据中心

积极参与"东数西算"工程①，依托云计算、大数据、物联网、人工智能等新技术、新业态，引进国内外投资规模大、技术领先、管理先进、带动力强的大数据、云计算等企业落户嘉峪关，建设西部算力枢纽和数据中心，为全市传统能源产业转型赋能。

---

① "东数西算"工程是指通过构建数据中心、云计算、大数据一体化的新型算力网络体系，将东部算力需求有序引导到西部，优化数据中心建设布局，促进东西部协同联动。2022 年 2 月，在京津冀、长三角、粤港澳大湾区、成渝、内蒙古、贵州、甘肃、宁夏 8 地启动建设国家算力枢纽节点，并规划了 10 个国家数据中心集群。至此，全国一体化大数据中心体系完成总体布局设计，东数西算工程正式全面启动。

文化产业篇
Cultural Industry

B.10
2021年嘉峪关市文化事业发展
情况分析及建议

杨殿锋　李嘉荣*

摘　要： 2021 年，嘉峪关市以深化公共文化服务供给侧结构性改革为主线，通过完善公益性文化场馆建设、推进文化领域重点任务改革、开展文化惠民活动、传承和保护非物质文化遗产等措施，深入挖掘文化内涵，不断提升文化品牌，着力构建现代公共文化服务体系新格局。

关键词： 公共文化　文化惠民　服务质量　文化品牌

---

* 杨殿锋，嘉峪关市委政策研究室主任，主要研究方向为马克思主义基本原理；李嘉荣，嘉峪关市文化和旅游局文化科科长，主要研究方向为公共文化服务。

一 2021年文化事业发展情况

（一）公共文化服务体系标准化建设日趋完善

2021年，嘉峪关市以推进公共文化服务均等化、保障人民群众基本公共文化权益为目标，统筹推进中央和省、市各级文化惠民政策落地，形成了覆盖城乡的公共文化服务网络。全市城乡建有文化馆1个、图书馆1个、少儿图书馆1个、美术馆1个、镇综合文化站3个，全市31个城市社区和17个行政村均建成集宣传文化、党员教育、科技普及等功能于一体的综合性文化服务中心，在三镇建成标准化文化大院6个，实现"乡村舞台"建设行政村全覆盖。依托市图书馆"互联网+"项目，在全市设立了图书馆分馆15个、联盟馆2个、自助智能图书馆3个。2021年建成丝路文献专馆、小人书主题馆和首家文旅图书小站。①

（二）公共文化服务水平逐步提升

根据《公共文化服务保障法》②《中央补助地方美术馆、公共图书馆、文化馆（站） 免费开放专项资金管理暂行办法》，制定了公共文化场馆免费开放资金使用监督管理制度，规范和加强了公共文化场馆免费开放专项资金的监督管理。切实加大对《公共文化服务保障法》《公共图书馆法》③《非物质文化遗产法》④ 等政策法规的学习宣传力度，通过印制、发放宣传材料，设置宣传栏，LED屏滚动播放以及微信公众平台发布等形式，加强

---

① 本报告数据由嘉峪关市文化和旅游局汇总整理。
② 《公共文化服务保障法》由第十二届全国人民代表大会常务委员会第二十五次会议于2016年12月25日通过，自2017年3月1日起施行。
③ 《公共图书馆法》由第十二届全国人民代表大会常务委员会第三十次会议于2017年11月4日通过，自2018年1月1日起施行。
④ 《非物质文化遗产法》由第十一届全国人民代表大会常务委员会第十九次会议于2011年2月25日通过，自2011年6月1日起施行。

政策引导和普及。持续深入推进公益场馆免费开放工作，2021年在做好疫情防控的基础上，市图书馆和少儿图书馆累计接待读者15万余人次，借阅图书11.3万余册；城市博物馆接待参观团队578个，游客5.5万余人次，为社会公众开展义务讲解483场次。

（三）文化惠民活动丰富多彩

推进"书香雄关"品牌建设，在"世界读书日"之际，开展"梦想从阅读开始"世界读书日主题展、科普读书会、《弟子规》、"4·23世界读书日"、"党史百年天天读"、"向日葵悦书堂"、"雄关市民讲堂"、"二十四节气"等线上线下系列读书活动908场次，惠及读者8万余人次。围绕建党百年，组织开展歌咏比赛、"庆百年·颂党恩"主题书法创作展活动。开展戏曲进校园、进农村等线上线下文化惠民活动500余场次，累计参与人数14万人次。开展"文化三下乡"、戏曲进校园、文化进基层、送书画进军营、主题展、"我们的节日"等线下线上活动200余场次。"省文旅厅文化艺术创作基地""甘肃省美术家协会嘉峪关油画创作基地"正式挂牌。创新设计研发了"嘉物传承""峪见礼""你好！嘉峪关"嘉有好礼三大系列17个主题200余款文创旅游商品，成功注册"嘉有好礼""嘉峪晴烟""魏晋砖韵"等文创产品商标。

（四）非遗保护传承工作成效显著

加大非物质文化遗产保护力度，公布了第8批市级非物质文化遗产保护名录。稳步推进省、市级非物质文化遗产代表性传承人的考核工作，组织开展2021年甘肃省"文化和自然遗产日"非遗宣传展示主会场系列活动，举办"2021年文化和自然遗产日'人民的非遗·人民共享'非遗宣传展示活动暨'嘉峪石砚杯'全市书法大赛"。组织传承人、传习人等制作113件石艺画作品，推进"大漠风雨雕石艺画制作工艺"展示等省级非遗专项资金扶持项目，开展非遗进学校、进社区活动，受众近千人。

二 文化事业发展存在的问题

近年来，嘉峪关市文化事业发展坚持以人民为中心的工作导向，以统筹城乡一体化发展、推进城乡公共文化服务均等化、保障人民群众基本文化权益为目标，强化政府公共文化服务职能，切实加大公共文化服务体系建设力度，全市公共文化服务体系建设实现了新发展、迈上了新台阶，但依然存在一些问题和不足。一是公共文化服务基础设施建设经费投入不足，专项活动经费申请、落实难。二是全市文化单位和文化团体专业人才较少，年龄结构老龄化；基层文化工作队伍业务技能水平普遍较低，缺乏应有的专业水平和管理经验。三是由于缺少相关的扶持政策和激励机制，文化艺术创作氛围不浓、层次不高、典型引领作用不强，严重影响了全市整体文化品位的提升。四是能代表嘉峪关走出去、内涵丰富、质量精品，且群众认可度高的品牌文化活动依然缺乏。

三 推动文化事业发展的对策建议

2022年，嘉峪关市将立足新发展阶段，贯彻新发展理念，构建新发展格局，不断推动公共文化数字化建设，提高公共文化设施利用率，改善公共文化服务质量，充分满足人民对美好生活的新期待。

（一）推动全市公共文化标准化建设

进一步完善公共图书馆、文化馆和街道（镇）综合文化站、社区（村）文化服务中心等建设和服务标准规范。健全和优化图书馆总分馆和乡镇、街道综合文化站体系，增设特色图书分馆（文旅图书小站），形成"一站一特色"，逐步搭建起更为完备、可持续发展的公共图书馆服务体系。

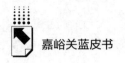

（二）打造城乡创意功能空间

树立公共图书馆、美术馆、文化馆、博物馆"城市客厅"理念，① 以公共图书馆、文化馆总分馆制为抓手，以特色酒店、城市商圈、景区景点、三站两场等区域为平台，建设一批融合图书阅读、艺术展览、旅游推介、文化沙龙、轻食餐饮等服务的"城市书吧""文旅驿站"等新型文化业态，为市民和游客创造融艺术性、优雅性、舒适性为一体的体现时代气息的公共文化空间。

（三）激发高效公共服务动力

加强公共文化服务质量监测，建立群众满意度指标，完善服务绩效评价和奖惩制度，充分调动文化馆、图书馆、少儿图书馆等公共文化服务人员的积极性、主动性和创造性。创新公共文化机构竞聘选人机制，按照专业需求，招聘招录优秀文学艺术类、图书情报类、社会科学类等专业人才，健全符合文艺专业特点的职称职级评审制度，激活人才准入和队伍培养机制。积极推动人员编制和经费向基层倾斜，保证基层文化人才队伍稳定、结构合理，全面提高公共文化服务能力。

（四）做大做强文化艺术普及品牌

创新开展"雄关大展厅""雄关大讲堂""雄关大舞台""市民艺术学校""书香雄关"等文化艺术普及品牌活动，提升群众知晓率、满意率、参与率，增强社会影响力。落实政府奖补政策，健全支持群众性文化活动长效机制，广泛开展群众喜闻乐见的文化活动，利用"5·19"中国旅游日、"文化和自然遗产日"，组织全民艺术、非遗展演等活动，引导城乡群众在文化中当主角、唱大戏。立足三镇文化旅游资源，开展"西瓜节""锅盔

---

① 朱德胜：《打造城市客厅——以南京青奥艺术灯会为例》，参考网，2020 年 9 月 14 日，https://www.fx361.com/page/2020/0914/7026902.shtml。

节""采摘节"等乡村特色品牌活动，促进文旅融合发展。大力开展"送戏下乡""文化五进"等文化志愿帮扶活动，以文化馆为主导，联合社会艺术培训机构，组建全民艺术普及联盟，搭建推广平台。

（五）健全数字文化服务平台

结合"智慧旅游"建设，普查梳理全市特色文化资源，挖掘整理图书馆、博物馆、美术馆特色馆藏、特质展品、特有品牌，打造数字文化资源库群，建设图书阅读、艺术鉴赏、文物展品等属性不同的公共文化云服务平台。运用大数据分析群众文化需求，为图书采购、文化设备配送、文化产品供给等情况提供决策依据。开发线上公共文化服务功能，研发创意文化产品，促进文化消费，满足群众差异化文化要求。

（六）提升志愿服务水平

完善文化志愿者注册招募、服务记录、管理评价和激励保障制度，加强文化志愿服务队伍建设，建立文化志愿者与村（社区）"结对子、种文化"工作机制，形成机动灵活、效能突出的上下联动公共文化服务体系，保障全市人民群众的基本文化权益。动员组织专家学者、艺术家等社会知名人士参加志愿服务，扩大文化志愿服务社会影响力。鼓励文艺工作者、文化爱好者等参与阅读和艺术普及等推广活动，通过自媒体、小视频等新媒体，开设文学艺术鉴赏和评论"小课堂"。

B.11
2021年嘉峪关市乡村旅游发展情况分析及建议

陈 鹏 冯晓艳*

摘 要： 2021年，嘉峪关市加快发展乡村旅游，改善乡村旅游基础设施，培育乡村旅游业态，完善乡村公共文化服务，持续优化乡村旅游服务环境，推动乡村旅游整体发展，但也存在规划不合理、特色不明显、开发模式雷同、旅游旺季短等问题。本报告建议嘉峪关市创新观念、开发特色乡村旅游产品、开展示范村带动作用、加大人才培育力度，进一步促进乡村旅游提档升级。

关键词： 嘉峪关市 乡村旅游 基础设施 旅游业态

一 乡村旅游发展情况

2021年，嘉峪关市深入实施乡村振兴战略，加强农村生态文明建设，加快发展乡村旅游，改善乡村旅游基础设施，培育乡村旅游业态，完善乡村公共文化服务，持续优化乡村旅游服务环境，有力推动和促进了乡村旅游的整体发展。

嘉峪关市坚持根在农业、利在农民、惠在农村的发展思路，推动嘉峪关市乡村旅游实现全域全季游，休闲有玩头、文化有说头、产业有奔头、发展

---

* 陈鹏，嘉峪关市发展改革委副主任，主要研究方向为乡村旅游、社会学；冯晓艳，嘉峪关市文化和旅游局旅游科科员，主要研究方向为乡村旅游发展。

有势头,实现乡村资源增值、农业增效、农民增收、农村繁荣,形成"城市让生活更美好、乡村让人们更向往"的发展格局。截至 2021 年底,嘉峪关市共有星级农家乐 77 家,星级乡村民宿 41 家,全国乡村旅游重点村 1 个,省级乡村旅游示范村 6 个(见表1)。乡村旅游服务业就业人员 900 余人,带动周边农户 260 余户。①

表1　2021 年乡村旅游农家乐和示范村情况

单位:家,个

项目	数量
星级农家乐	77
星级乡村民宿	41
全国乡村旅游重点村	1
省级乡村旅游示范村	6

资料来源:嘉峪关市文化和旅游局汇总整理。

(一)乡村旅游扶持力度不断加大

按照"农旅结合、以农促旅、以旅强农"的总体思路,以发展壮大乡村旅游为主要抓手,确定 8 项重点任务、4 项保障措施,为发展乡村旅游提供了有效的政策支撑。对评为旅游示范镇、旅游示范村、星级乡村旅馆(乡村民宿)和农家乐的给予一次性奖励补贴,截至 2021 年底,全市共兑现乡村旅游奖励补贴资金 242.2 万元。

(二)乡村旅游产业结构不断调整

坚持农民主导、企业运作的思路,采取"公司+农户""协会+农户"方式,引导组建以镇、村为主体的乡村旅游开发公司、合作社、协会,鼓励支持农村集体经济组织、农民个体与市场主体合作发展,带动不同类型、不

① 本报告数据由嘉峪关市文化和旅游局汇总整理。

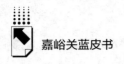

同主体、不同规模的乡村旅游经营主体抱团发展，调动当地农民群众参与休闲农业与乡村旅游发展的积极性和主动性。

（三）乡村旅游基础设施进一步健全完善

按照"乡村旅游示范点"提升改造计划，实施乡村旅游示范村、休闲美丽乡村、星级农家乐、精品民宿等品牌创建工程，乡间道路畅通，人居环境整洁，设施设备完善，乡村生活便捷度和舒适度不断提升。按照标准化建设要求，星级农家乐、乡村民宿服务质量持续提升，乡村旅游示范村的餐饮、住宿接待能力不断提高。设立乡村旅游服务咨询点 5 个，设计制作并安装乡村道路标识牌 4 块，改建旅游厕所 1 座，在村民小组居民点绘制以社会主义核心价值观、村规民约、传统经典诗词等为主要内容的文化墙画 142 幅，营造了团结、健康、和谐的文化氛围。

（四）乡村旅游业态丰富多彩

依托文殊镇塔湾村乡村记忆馆、河口村红色文化主题客栈和正在建设的新城镇安远沟村民俗文化馆及地蹦子、农民社火、民间小调、嘉峪宝卷等非物质文化遗产，打造了醉美乡村——草湖湿地户外研学体验之旅、醉美乡村——悬壁驿站花海民俗休闲之旅、醉美乡村——关城脚下古今穿越星空之旅、醉美乡村——文殊河口寻找乡愁乡村记忆之旅、醉美乡村——安远沟田园亲子互动亲情之旅等 5 条乡村旅游精品路线。支持和鼓励有条件的乡村挖掘展示特色农艺，发展农耕体验游、民俗体验游、乡土文化游、民族文化游等特色旅游业态，全方位展现乡村农耕、农事、农活技艺，本地神话传说、民歌谣谚、舞蹈戏曲等民间文化艺术。

（五）乡村旅游品牌节会精彩纷呈

根据二十四传统节气和乡村特色风情，有序推行文殊镇油桃采摘节、梨花节、沙枣花节、草莓采摘节，新城镇野麻湾村西瓜文化节和油桃采摘节、长城村文化艺术节、泥沟村长寿文化节、安远沟村烧烤文化节，峪泉镇锅盔节等 10 余项丰富多彩的乡村节庆活动，为农产品销售搭建了广阔的平台，也为广大市民提供了游雄关、亲自然、享生活的周末休闲好去处，实现了以节促游、以节富民。

（六）乡村旅游宣传氛围浓厚

充分利用电视、广播、报刊、微信等媒体，快手、抖音、淘宝等平台，把乡村旅游宣传营销纳入嘉峪关市旅游整体营销计划，有重点、有步骤地做好乡村旅游精品线路宣传营销工作。推广手工醋、五粮酒、烧壳子、锅盔、杂粮、时令水果、特色蔬菜、鸡鸭土蛋、野菜野菌等乡村土货，拓展信息智能推送、网络营销、网络预订和网上支付等互联网服务功能，分享产业链收益。

（七）乡村旅游人才培训扎实开展

结合全域旅游实用人才培养项目，聘请省内外高校旅游专家，组织镇村干部，三镇乡村旅游带头人，星级农家乐、民宿从业人员共 100 人，集中开展乡村旅游规划、开发、营销、服务技能提升等培训，不断拓宽和完善乡村旅游发展思路、经营理念和合作机制，将农民转型为乡村旅游线路讲解员、农产品销售网红达人。引导大学生、返乡农民工、艺术人才、专业技术人员、青年创业团队等各类人才投身乡村旅游发展，改善乡村旅游人才结构。

（八）乡村旅游发展环境不断优化

嘉峪关市文旅、环保、卫生、市场监管、安全、劳动、防疫以及镇村等部门根据各自职责，从乡村旅游经营户的开办条件、技能培训、食品卫生、质量监督等方面，不断加强管理、完善政策支撑，给予了优质服务和充分指导，营造了全市发展乡村旅游良好的大环境。

二 乡村旅游存在的问题

（一）缺乏规划，发展无序

由于缺少总体规划布局，嘉峪关市乡村旅游还处在初级发展阶段，一般

是农户对自家庭院进行简单装修，形成农家乐的基本雏形，从客观上形成了随意的布局，不能形成整体规模，市场开发重复现象严重，低层次建设多，特色开发少，文化内涵缺失。

（二）特色不足，开发模式雷同

由于企业规模小、不集中、特色不突出、创新不足，乡村旅游还处于相互模仿和低价竞争阶段，提供的服务也存在单一性、缺少特色，旅游产品供给不足、同质化严重、吸引力不强。

（三）季节性明显，旅游观光旺季短

受区位条件、自然气候、农事季节等因素的影响，乡村旅游淡旺季反差明显，淡季门庭冷落，旺季车水马龙。这造成服务人员不足、流动频繁，人员素质层次偏低，服务质量难以保障等问题。

三　对策建议

（一）完善规划体系

找准切合各村实际的乡村旅游发展定位和方向，将乡村旅游发展规划纳入嘉峪关市城市规划体系，构建布局合理、特色鲜明、多样化发展的乡村旅游产品体系和多业融合发展的产业体系。积极吸纳社会各类资源，探索农村土地产权流转模式，促进农村土地流转市场健康发展。深入挖掘农业文化遗产，强化农耕文明活态传承与旅游融合。

（二）不断创新观念

坚持"以乡村为依托，市场为导向，绿色为主题"的指导思想，结合自身特点，突出生态优势和农家特色，提升"农家乐"品牌，丰富"农家乐"文化内涵，规范管理，完善设施，提高服务质量。乡村旅游项目的开

发要坚持以人民为中心的发展思想，合理规划布局，兼顾乡村旅游线路的组织和运用，实现可持续发展。

（三）持续完善乡村旅游基础设施建设

结合新型城镇化建设和美丽乡村建设，完善旅游咨询中心、停车场、旅游道路沿线交通指示牌、安全警示牌等乡村旅游服务体系，推进乡村旅游基础设施建设。协调各相关部门，促进政府有关公共服务向乡村延伸。按照星级农家乐、乡村旅游家庭旅馆的设施标准和接待服务标准，提高经营管理和服务水平，营造乡村旅游的良好环境。

（四）创新开发特色乡村旅游产品

依托峪泉镇丰翔现代农业示范园、文殊镇恒翔农业示范园区、新城镇野麻湾高新农业示范园区等特色农产品基地、自然风貌、农村风俗等乡村旅游资源，推出一批农业观光、农趣体验、民俗文化、研学体验等特色鲜明的乡村旅游产品。联合旅游商品研发、制作、销售企业，加强各具特色的民俗手工艺推广传承，推动乡村土货实现生态加工和特色包装，满足乡村旅游消费需求，积极打造前店后厂式的游客参与体验式销售。开发以嘉峪关村、河口村乡村风味菜肴，泥沟村健康养生菜肴，安远沟村特色民俗菜肴等为代表的多元化、特色化乡村美食产品体系。

（五）深入挖掘区域文化资源

乡村旅游发展要着力突出乡土特色，选取乡土材质进行构建，采用乡土语言作为解说，提炼乡土元素进行装饰，将乡土韵味进行极致表达，构建具有浓郁乡土风情的区域乡村文化旅游体系。按照旅游活动呈现体验化、互动化、文化性的要求，根据嘉峪关市历史文化、生态文化和民俗文化特征，深度挖掘区域文化主题，打造本地区乡村旅游文化品牌。

（六）发挥示范村带动作用

以景区建设和省级乡村旅游示范村发展为契机，着力把峪泉镇打造成以关城景区为依托的长城丝路旅游示范镇，把新城镇打造成以紫轩葡萄酒庄园、草湖国家湿地公园为核心的科技文化旅游圈，把文殊镇打造成以华强文化科技产业基地为核心的南市区休闲度假旅游圈。

（七）加强生态保护

正确处理开发和保护的关系，以“无碍自然文化景观”为原则，科学开发利用现有乡村资源，避免人为因素对自然环境、人文景观造成破坏。加强乡村环境承载力监测，重视垃圾、污水无害化处理，加强水资源、林业资源和生态资源保护，营造良好的乡村生态文化环境。严格遵守国家文物保护法律法规，切实加强对乡村文物古迹、历史风貌建筑、古树名木等的保护，加强对乡土文化、原始风貌、民间艺术、农耕文化、民风民俗等文化资源的保护和传承。实现文物保护与延续使用功能、改善居住条件相统一，提升乡村旅游的传统文化内涵。

（八）持续开展人才培养

进一步强化乡村旅游标准化管理，定期对从事乡村旅游的管理人员、技术人员和服务人员进行培训，提高其文化素质、技能和服务质量水平。有计划、有目标地培养一批乡村旅游骨干和管理带头人，重视对懂乡村、懂旅游复合型人才的培养和培训，不断夯实乡村旅游人力资源基础。

（九）进一步加大宣传力度

充分借助各类宣传媒体，广泛宣传造势，吸引更多外地游客，加强对旅游目的地形象的全面展示。持续加大乡村旅游形象和乡村旅游产品的策划包装力度，制订促销计划，把有限的人力、物力、财力集中起来，有针对性地开展“拳头”促销攻势，增强促销实效，提高乡村旅游的附加值。

社会事业篇
Social Undertaking

B.12
2021年嘉峪关市教育事业
发展现状及对策建议

韩耀伟　张晓伟*

摘　要： 2021年，嘉峪关市教育工作以教育高质量发展为目标，聚焦教育资源、教学质量、教育改革、教师队伍、惠民政策、校园安全等重点任务，明确任务清单，细化工作举措，逐项对照落实，取得了良好成果。同时，教育事业发展存在教师紧缺、学校布局仍需优化、教师绩效工资分配不合理等问题。本报告建议从夯实党建基础、改善办学条件、提升办学质量、保障教师待遇、保障校园安全稳定等方面入手，进一步推动全市教育高质量发展。

关键词： 教育事业　教育改革　教师队伍建设

---

* 韩耀伟，嘉峪关市委政策研究室副主任、市委改革办副主任，主要研究方向为民生保障与社会事业发展；张晓伟，嘉峪关市教育局党组书记、局长，中共嘉峪关市委教育工作委员会书记，主要研究方向为教育管理。

2021年，嘉峪关市坚持教育优先发展，以教育高质量发展为目标，统筹全市教育资源，推动教育综合改革，打造新时代教师队伍，全市教育事业实现了持续健康发展。

一　教育事业发展基本情况

截至2021年底，嘉峪关市共有各级各类学校76所，其中，幼儿园48所（民办36所、公办12所）、小学14所、九年一贯制学校1所、独立初中5所、完全中学1所、普通高中2所、特教学校1所、中等职业学校3所（嘉峪关市职业教育中心、嘉峪关市体育运动学校、甘肃省冶金高级技术学院）、甘肃钢铁职业技术学院1所。按照隶属关系，嘉峪关市体育运动学校由嘉峪关市体育局监管，甘肃省冶金高级技术学院由甘肃省教育厅监管，甘肃钢铁职业技术学院由酒钢集团监管。全市共有学生53454人，其中，幼儿园12803人、小学18510人、初中8226人、高中6198人、特教66人、中职2081人、高职5570人。在职教师4284人，其中，嘉峪关市教育局所属单位3952人（公办2964人、民办988人）、嘉峪关市体育运动学校34人、甘肃钢铁职业技术学院298人（与甘肃省冶金高级技术学院共用）。①

嘉峪关市学前三年毛入园率达到98.50%，普惠性幼儿园覆盖率达到97.44%；小学学龄儿童净入学率达到100%，小学毕业生升学率达到100%，九年义务教育巩固率达到99.81%；高中阶段毛入学率达到95.56%；适龄残疾儿童少年入学率达到94%；高考录取率达到94.25%，本科录取率达到63.55%。衡量教育发展的主要指标整体位于全省前列。

二　教育事业发展的主要做法

（一）持续优化教育资源配置

2021年，嘉峪关市争取中央、省级资金2621万元，完成固定资产投资

---

① 本报告数据由嘉峪关市教育局汇总整理。

3800万元，办学条件得到进一步改善。一是推动学前教育普惠发展。统筹中央学前教育发展专项资金647万元，按照幼儿园普惠等级和提供的普惠性学位，对33所普惠性民办幼儿园发放奖补资金295.36万元，奖补资金全部用于改善办园条件。二是改善基础教育办学条件。市第二中学综合教学楼建设项目于2020年11月开工建设，截至2021年底，已完成主体封顶和部分装饰装修工程，计划2022年7月建成投入使用。完成省政府为民办实事"义务教育增加300个学位"项目，完成7所学校义务教育薄弱环节改善与能力提升项目。三是推进教育装备信息化。坚持"满足应用需求、适度超前配置"的原则，配备录播教室1间、科学教室1间、理化生综合实验室1间、专递课堂设备4套、计算机教室5间。实现初中理化生实验室100%全更新；在小学计算机教室中配置了电子画板，实现小学电子画板100%全覆盖；在中学计算机教室配置了专业听力耳机，在科学教室添置了VR、智能机器人编程套装。2012~2021年嘉峪关市教育经费支出情况见图1。

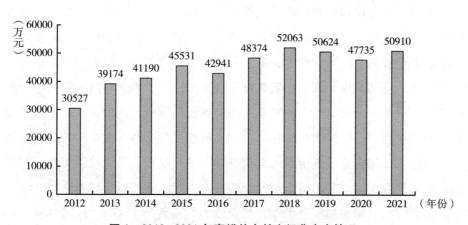

图1　2012~2021年嘉峪关市教育经费支出情况

资料来源：嘉峪关市教育局汇总整理后绘制。

（二）稳步提升教育教学质量

全面贯彻党的教育方针，落实立德树人根本任务，树立德育为先、全面发展、面向全体、知行合一的教育质量观念，遵循教育规律，围绕凝聚人心、完善人格、开发人力、培育人才、造福人民的工作目标，培养德智体美劳全面发展的社会主义建设者和接班人。一是推动学前教育质量提升。印发《嘉峪关市省级示范性幼儿园质量提升实施意见》，有计划地组织开展专题研讨活动，解读提质实施意见，总结分享优秀提质举措，实施优质引领带动提升行动，省级示范性公办幼儿园整体高位提升、持续发展的良好局面进一步凸显。组织全市公办、民办幼儿园管理者、教师通过现场参与及观看直播等形式，参加省、市级学前教育发展论坛及专题培训 1.35 万余人次，参训人员专业内涵及综合素养得到进一步提升。二是促进义务教育高质量发展。落实五项管理要求，加强学校课外读物管理，将手机管理纳入学校日常管理，明确学校作息和学生就寝时间，开足开齐体育课和实践课，严控书面作业总量。从严落实"双减"政策，义务教育学校全面实施课后延时服务，参与学生占比为 99.68%、教师占比为 99.82%。深入开展义务教育阶段学科类校外培训机构治理，压减比例 100%。印发《嘉峪关市关于进一步推进高中阶段学校考试招生制度改革试点工作实施方案（试行）》，按照"省级管理、市州实施、试点先行、稳步推进"的改革思路，2021 年秋季入学七年级启动全省高中阶段学校考试招生制度改革试点工作。三是稳步推进高中学校改革。启动高中新课程、新教材、新高考改革，推进新高一年级综合素质评价、选课走班等工作，鼓励普通高中建设新课程、新教材省级示范校和甘肃省卓越高中，组织教师和相关管理人员学习领会改革政策精神，开展关于走班排课、综合素质评价等线上信息管理平台操作的系统培训工作。四是拓宽职业教育发展路径。持续加大经费投入力度，逐步改善职业学校办学条件。定期组织教师参加实践培训，校企合力打造优质"双师型"教师队伍。持续完善校企双主体育人模式，积极探索"融入式"现代学徒制人才培养模式，积极对接联系优势特色企业，联合建立产学研合作基地。五是全面加强体育美育劳动教育。启动承办甘肃省第五届中学生运动会筹备工作，稳步推进赛前各项准备工作。积极推进阳光体育工作，组织开展各类足球比赛、选拔赛，鼓励开展研学旅行活动。成功举办全市中小学生美育成果展，汇集学生书画作品 430 余幅及 6 间学生艺术实践工作坊。成功举办第一届嘉峪关市青少年机器人竞赛，172支代表队400余名学生参赛。充分利用"五一"劳动节、劳动教育宣传月等时间点，集中开展劳动教育宣传活动，积极建设劳动教育实践基地，开展"小田地、大德育"等主题活动，将劳动教育实施情况纳入学校素质目标考核体系，引导学校探索建立劳动教育评价制度。

（三）全面推进教育领域改革

以破除体制机制障碍为目标，大力推动教育领域改革任务落实，主动回应人民群众"急难愁盼"问题。一是探索形成教育高质量发展路径。编制《嘉峪关市"十四五"教育事业发展规划》，紧紧围绕嘉峪关市"三地两点"功能定位，锚定"打造省域副中心、建设西部明星城"奋斗目标，建设优质公平、包容创新、动能强劲、特色鲜明的教育体系，打造河西走廊教育高地、甘肃省基础教育改革发展先行区。二是优化调整义务教育学校布局。制定实施《嘉峪关市部分义务教育学校布局调整方案》，结合农村学校生源大量萎缩、办学效益不高的实际，按照"一镇一园一中心校"规划目标，撤并新城小学、新城中学、文殊中学、安远沟小学4所学校和野麻湾小学、长城小学、河口小学3个教学点，三镇各保留1所中心小学和中心幼儿园。以"统筹规划、稳步实施、均衡发展"为原则，制定《嘉峪关市义务教育学校布局调整规划方案（2021—2030年）》和《嘉峪关市学校布局调整规划方案（2021—2030年）》，计划2030年前实现全市中小学校办学条件标准化。三是印发《嘉峪关市关于贯彻落实〈甘肃省贯彻落实深化新时代教育评价改革总体方案的工作方案〉的实施方案》，市委教育工作领导小组成员单位及全市各学校梳理、清理与该方案不相符的文件和制度政策，对照中央教育工作领导小组秘书组通报问题和"十不得一严禁"负面清单进行自查整改，切实推进教育评价改革政策落地。四是印发《关于深化新时代教育督导体制机制改革的实施方案》，全面完成市政府教育督导委员会和教育督导机制及人员的调整完善和充实工作，基本建成全面覆盖、运转高效、结果权威、问责有力、适合市情的督政、督学、评估监测"三位一体"教育督导体制机制。重新修订《嘉峪关市学校素质教育目标责任书考核细

则》，修订后的考核指标由原来的 15 项 54 级 100 条缩减为 10 项 29 级 44
条。根据新修订的考核细则，顺利完成了 2020~2021 学年度素质教育目标
责任书常规督导。五是印发《嘉峪关市深化教育教学改革全面提高义务教
育质量实施方案》，明确培养德智体美劳全面发展的社会主义建设者和接班
人的目标任务；坚持"五育"并举，全面发展素质教育；坚持强化课堂主
阵地作用，提高学校教育教学质量；坚持保障教师权益待遇，打造"四有"
教师队伍。六是深化新时代思政课改革。印发《深化新时代学校思想政治
理论课改革创新实施方案》，成立嘉峪关市中小幼思政课一体化建设指导委
员会，推动全市学校思政课改革创新工作；充分发挥思想政治理论课名师引
领带动作用，举办学校思政课改革创新与德育工作经验交流活动，开展
2021 年思想政治理论课名师工作室创建工作，统筹推进全市中小幼思政课
一体化建设。

（四）全力打造高素质教师队伍

嘉峪关市始终把教师队伍建设作为教育高质量发展的基础性工作来抓，
致力于打造一支信仰坚定、功底扎实、数量充足、结构合理的高素质教师队
伍。一是持续推进师德师风建设。坚持把师德师风建设摆在教师队伍建设的
首要位置，持续完善师德师风工作机制，每年常态化开展"师德师风建设
月"活动，指导各学校广泛开展形式多样的教育培训活动，大力宣传推介
先进教师典型，定期走访慰问优秀教师和生活困难教师。着力规范教师施教
行为，坚持将师德师风表现作为年度考核、评优选先以及奖励性绩效工资分
配的重要依据，实行一票否决，对违反师德师风的行为，坚决做到发现一
起，查处一起，警示一片。二是不断加大教师培训力度。坚持"请进来"
和"走出去"培训相结合，"国培""省培"培育专家，发挥带动引领作
用；"市培"培育骨干，发挥中流砥柱作用；"联盟校培""校培"培育全
员，发挥全面提升作用。进一步明确教师层次培训目标，拓展培训范围和培
训类型，使培训管理更加规范有序。全年派出教师 1995 人次参加各级各类
培训，其中"国培"1249 人次、"省培"8 人次、"市培"738 人次。此外，

"联盟校培"和"校培"3000余人次。三是持续优化教师队伍结构。坚持"走出去、引进来"工作思路，注重"用好、用活、用足"现有人才政策，严把急需紧缺人才入口关，坚持宁缺毋滥，不断拓宽人才引进渠道，全年招录教师75人，其中，面向社会公开招考35人，专项招考15人，招录教育部直属师范大学公费师范生10人，引进教育类硕士研究生15人。四是有效落实教师激励制度。印发《关于做好职称评审师德和教学业绩考核测评工作的通知》《嘉峪关市中小学教师中高级职务任职资格评审答辩测评工作实施方案》，评审出正高级职称教师3名、高级职称教师55名、一级职称教师95名（评审93名，认定2名）。成功举办第37个教师节总结表彰大会，表彰嘉峪关市"园丁奖"教育系统先进集体15个、优秀教师77人、优秀班主任15人、优秀教育工作者15人、首届"雄关名师"5人、首届"雄关名班主任"5人。

（五）加大惠民政策落实力度

全面落实各项教育惠民政策，全力保障每位学生公平接受教育的权利。一是持续支持民族地区教育发展。2021年秋季学期，嘉峪关市第一中学、嘉峪关市酒钢三中面向甘南藏族自治州、临夏回族自治州等地招收贫困家庭学生37名，按照6000元/（年·人）的标准，免除37名贫困生的学杂费、住宿费，及时发放交通补助、生活补助等费用。二是落实"两免一补"资金361万元，惠及学生57724人次；发放其他各类资助金1788.82万元，惠及学生25632人次。7辆校车全年安全运行567车次，支付运行费用57.6万元。严格落实农村义务教育学生营养改善计划，为3所农村小学累计1045名学生提供营养餐，全年支出专项资金32.7万元。三是全力保障外来务工人员子女受教育权利，进一步落实"以居住证为主的入学政策"，确保来嘉务工人员子女"零门槛"就学，享受与嘉峪关市户籍学生完全相同的入学、升学待遇。

（六）全力筑牢校园安全防线

全市教育系统坚持疫情防控和校园安全工作"两手抓、两手硬"，全面筑牢新冠肺炎疫情防控社会大防线，完善校园安全风险防控体系，深入推进"平安校园"创建活动和"校园安全保护区"建设，深入排查化解重大矛盾纠纷，切实维护校园安全稳定。一是严格落实"外防输入、内防反弹"的总体防控策略，不断完善疫情防控工作方案，持续巩固疫情常态化防控成果；积极配合卫健部门和社区完成全体师生4轮全员核酸检测采样，邀请省级知名专家对全市教育系统进行疫情防控在线培训，协调专业机构对学校进行全面消毒消杀，定期开展疫情防控督查检查，确保全市教育系统疫情防控安全。二是按照"三管三必须"和"党政同责、一岗双责、齐抓共管、失职追责"工作原则，与各学校签订《"平安校园"建设目标责任书》，针对季节性安全工作和突发性安全事故，全年发布安全预警8次，严格落实值班领导在岗带班、值班人员24小时值班制度，进一步完善安全信息报送机制。全年组织安全教育系列主题班（队）会1710余次，开展安全教育专题讲座340余场，发放安全宣传材料3.4万余份。三是完成校园安全4个100%工作任务，为各级各类学校配足配齐专职保安，坚持"护学岗"常态化运行，落实校园"封闭化"管理；完成公办学校和民办幼儿园一键报警可视化升级工作，将公办幼儿园和民办幼儿园"一键报警"和视频监控纳入市教育局安全信息平台，实现全部监控视频图像资源对接"雪亮工程"总平台。

三　教育事业发展的主要短板

（一）教师紧缺问题依然突出

因历史欠账，教育系统公办幼儿园和职教中心未单独核定编制，随着二胎适龄学生数量的增加，只能通过中小学、幼儿园招聘聘用制教师缓解教师缺额问题；聘用制教师工资待遇不高、吸引力弱、稳定性差，也逐渐成为制约教育高质量发展的瓶颈。按照现有师生比配备标准，教育系统缺编474名；根据现有幼儿数测算，未来几年每年将新增小学生900余名，今后6年须新增教师编制300余名；又因教师队伍老龄化严重，未来5年将有460名教师到龄退休，占到教师总数的1/5；此外，2022年市政府为民办实事项目将建成2所幼儿园，新建幼儿园开办运营将导致教师紧缺的局面更加突出。

（二）义务教育学校布局仍需优化

2021年，嘉峪关市实施了部分义务教育阶段学校布局调整工作，进一步缩小了城乡、校际发展差距。随着经济社会发展和外来人员增多，全市学龄人口持续增加，义务教育阶段尤其是小学学位趋于紧张，邻近棚改区新建小区的逸夫小学、胜利路小学等学校已无空余学位；国家和省上已启动义务教育优质均衡创建工作，对班级人数、生均占地面积等提出了更高要求，嘉峪关市被确定为先行创建市，须要提前着手规划新建或改扩建中小学校。

（三）教师绩效工资分配不合理

嘉峪关市义务教育阶段教师绩效制度是多年以来广大教师热议、反映的焦点问题，主要原因有以下两个。一是绩效分配制度有待完善。现行的教师绩效工资是从工资总额中提取绩效工资的30%作为奖励性绩效，经过学校考核后进行二次分配，因为教师岗位等级不同，分配的奖励性绩效工资数额不同，岗位等级较高的教师能够拿到的奖励性绩效工资普遍要少于被扣除数额，岗位等级较低但承担更多工作量的青年教师绩效分配体现不足，教师普遍对绩效分配制度不够满意。二是绩效考核未达到预期。实施绩效工资的主要目的是激发教师工作热情，调动工作积极性，奖励教师"按劳分配""优劳优酬"，但教师普遍认为现行的分配方案是拿自己的钱奖励自己，影响了其工作积极性。

四　教育事业发展的对策建议

（一）坚持党的领导，不断夯实党建基础

坚持以习近平新时代中国特色社会主义思想为统领，认真贯彻落实习

近平总书记关于教育的重要论述，全面贯彻党的教育方针，在中小学校加快落实党组织领导的校长负责制，[①] 确保党组织履行好把方向、管大局、做决策、抓班子、带队伍、保落实的领导职责。紧紧围绕嘉峪关市第十二次党代会和嘉峪关市"两会"确定的目标任务，以提升组织力为重点，严格落实"三会一课""主题党日"等党建工作制度，发挥基层党组织作用，加强党员队伍建设，使基层党组织成为学校教书育人的坚强战斗堡垒。

（二）加大资金投入，持续改善办学条件

研究制定教育系统项目建设管理办法和招办采购管理办法，强化全过程管理，提升工作规范化水平。持续加大教育投入，通过新建公办幼儿园、加强城镇小区配套园治理等方式，持续提升公办园在园幼儿占比。有计划地实施部分中小学改扩建项目，完成市二中综合教学楼续建项目、市一中运动场改造项目和普通高中学校标准化建设项目，开工建设市五一路小学教学楼改扩建项目，完成市南湖幼儿园、五一街区幼儿园建设项目和部分学校基础设施维修项目，持续改善学校办学条件，进一步扩大优质教育资源供给。

（三）提升办学质量，擦亮高中教育品牌

在实现第二个百年奋斗目标的新征程上，建设高质量教育体系对推进人才强国建设、实现科技自立自强等都具有十分重要的战略意义，必须牢固树立以提高质量为核心的教育发展观，全力办人民满意的教育。[②] 落实"双减"政策，提升课后服务质量，落实学校办学自主权，激发学校办学活力，持续提升教学质量。充分挖掘城中心校学位潜力，按优质均衡标准为起始年

---

① 张新平、孙逊：《党组织领导的校长负责制如何推进》，《中国教育报》2021 年 9 月 8 日，第 5 版。
② 钱铮铮：《办好自己的事 推进高质量教育体系建设》，《中国教育报》2021 年 3 月 2 日，第 2 版。

级配备班额，实施好网上招生入学政策，持续缓解"择校热"、巩固"大班额"清零成果。逐步理顺普通高中办学体制机制，深化育人方式改革，持续推进卓越高中建设，稳步实施新高考综合改革，完善学校教学组织、课程管理、校本教研和学生发展指导、综合素质评价等制度，积极探索选课走班和学分管理的有效形式。聚焦学生核心素养，建立校级考试研究中心，发挥名师示范引领作用，全面提升高中办学质量。加大与国内外高中学校交流合作力度，扩大办学影响力。

（四）完善体制机制，保障教师待遇

按照"教师培训经费要列入财政预算，幼儿园、中小学和中等职业学校按照年度公用经费预算总额的5%安排教师培训经费"的政策要求，认真落实教师三年培训提升方案，注重提升教研质量，推动教师专业发展，积极探索"点线面"相结合的教师培训路径。完善教师评价机制，把政治素质纳入教师评价体系，把师德师风作为教师评价的第一标准，突出对教师教育教学实绩考核。做好绩效工资调研改革工作，完善分配方案，建立绩效工资增长长效机制，落实义务教育教师平均工资收入水平不低于当地公务员平均工资收入水平的要求。稳步推进"县管校聘"改革，认真做好师资调配、竞聘上岗等工作。定期开展困难教师走访慰问活动，积极帮助协调解决实际困难。依托"雄关教育基金"，加大对优秀教师的奖励力度，不断增强教师职业的荣誉感和幸福感。

（五）坚持预防为主，全力保障校园安全稳定

认真落实《中华人民共和国安全生产法》《甘肃省中小学校安全条例》和《甘肃省校园安全保护区社会治安综合治理十项规定》及《〈甘肃省校园安全保护区社会治安综合治理十项规定〉实施细则》，深入推进学校安全管理专项整治三年行动和"平安校园"创建活动。严格落实学校安全部门监管责任和学校主体责任，构建符合实际的学校安全稳定立体化管理网络和责任体系。紧扣重点时间节点和安全风险，有针对性地开展各类安全教育。加

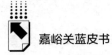

大宣传教育、专项排查和集中整治力度，切实抓好反恐怖、食品卫生安全、道路交通安全、防诈骗、消防安全等工作，持续完善"三防"建设，不断提升校园安全管理水平和治理能力。进一步健全完善教育系统应急体系及能力建设，强化值班值守和公共突发事件应急演练，做好重大涉校矛盾纠纷摸排化解工作，切实防范和遏制各类涉校、涉师、涉生安全事件发生，全力维护教育系统和谐稳定。

2021年嘉峪关市公共卫生
事业发展及建议

安 奇 刘发宝*

摘 要： 2021年，嘉峪关市经历新冠肺炎疫情的严峻考验，全市上下快速反应，科学应对，疫情防控工作取得了阶段性胜利。2022年，嘉峪关市公共卫生又走到了一个重要的历史关头，必须从规范化、体系化、制度化入手，转变发展理念，全面优化医疗体系，深化综合医疗改革，全力做好疫情防控工作，进一步加强卫生健康基础设施建设，提升公共卫生保障水平，全面推动医疗卫生事业高质量发展。

关键词： 疫情防控 医疗卫生 医疗体系

2021年，嘉峪关市坚持以人民健康为中心的服务理念，在全力做好疫情防控工作的同时，认真贯彻落实新时期"预防为主"的卫生与健康工作方针，稳步实施国家基本公共卫生服务项目，全面落实重大妇幼公共卫生项目，建立健全疾病防控公共卫生服务体系，在完善公共卫生服务体系、提升公共卫生服务能力、提高人民群众健康水平等方面均取得新进展、新成效，为嘉峪关市经济社会快速发展提供了坚实的公共卫生保障。

截至2021年12月，嘉峪关市基本建成由二级以上公立医院、基层医疗

---

* 安奇，嘉峪关市委政策研究室科员，主要研究方向为全面深化改革；刘发宝，嘉峪关市卫生健康委疾控科主任，主要研究方向为疾病预防控制。

卫生机构、专业公共卫生机构、民营医疗机构等组成的覆盖城乡的医疗卫生健康服务体系，服务水平稳步提升，服务质量逐年提高，服务能力不断增强，人民群众的满意度和获得感逐年提升。医疗服务链条全面优化，强化医疗卫生重点学科建设，建成 5 个省级重点学科，16 个学科为市级临床医学重点专科，卫生资源拥有量不断增加。嘉峪关市有医疗卫生机构 136 家，实际开放病床 2600 张。① 每千名常住人口拥有床位数、执业（助理）医师数、注册护士数、公共卫生人员数分别达到 8.31 张、3.63 人、5.42 人、0.36 人，以上指标均高于全省和全国"十三五"规划末的规定值和预期值。城乡居民电子健康档案建档率达到 94.3%，65 岁及以上老年人健康管理率达到 70.7%，高血压、糖尿病、严重精神障碍患者规范管理率分别为 83.26%、81.38%、83.21%，肺结核患者规则服药率达 93.64%，传染病报告率达 100%，孕产妇、0~6 岁儿童管理率分别为 94%、91.95%，适龄儿童免疫规划疫苗接种率达到 95%，各项指标达到或超过省上下达指标要求，基本医疗有保障的任务全面完成。

一 公共卫生事业发展的主要举措

（一）快速反应，科学指挥，疫情防控工作取得阶段性胜利

2021 年，嘉峪关市狠抓常态化疫情防控工作，狠抓疫情防控"四方责任"和行业主体责任，积极完善指挥组织体系，积极开展医疗救治、核酸检测、应急演练等工作。在 10 月 17 日新一轮新冠肺炎疫情再次突袭而至后，嘉峪关市认真贯彻党中央、国务院和省委、省政府工作部署，成立了由市委、市政府主要负责同志任总指挥的应急处置指挥部，立即启动应急处置预案，迅速激活应急指挥体系，制定专项方案，成立 12 个专责组，部署开展流调排查、核酸检测、重点区域管控、隔离点和救治医院设置等工作，对

---

① 本报告数据由嘉峪关市卫生健康委员会汇总整理。

照国家防控指南和每日全省日调度会的要求,有针对性地召开市调度会、部署会,梳理分解专家建议,精准研判疫情形势,动态优化防控策略,全方位开展疫情处置和防控工作。一是精准迅速开展流调排查工作,组织30支157人的流调小组,综合运用"大数据+网格化"排查手段,持续开展流行病学调查。二是迅速开展核酸检测工作,按照"应采尽采、应检尽检"原则,进行了4轮全员核酸检测,为摸清底数、研判疫情、制定防控策略提供了有力支撑。三是加强医疗救治和医疗物资保障,及时抽调40名专家组成医疗救治专家组,严格落实首诊负责制,建立疫情防控医疗物资应急采购供应体系。四是加强隔离管理及社区管控,规范做好集中隔离、居家隔离、重点区域封闭管控等工作,制作印发《嘉峪关市集中隔离点处置流程》等操作规范。五是不断加强新冠病毒疫苗接种工作,健全完善接种工作责任制,制订日接种、周调度、月统筹计划,确保接种工作不断档、全覆盖。在国家、省指导组的正确指导下,在兄弟市、州的大力支持下,嘉峪关市成功控制了疫情的扩大和蔓延,实现了患者零死亡和医务人员零感染,疫情防控工作取得阶段性胜利。

(二)以疾病防控为抓手,提升公共卫生服务能力

1.落实疾病防控工作

始终坚持"预防为主、防治结合"的方针,建立了突发公共卫生事件及传染病和职业病防治等三级网络服务体系,全市麻疹发病率降至历史最低水平,重点传染病监测完成率为100%。2021年,法定传染病报告发病率控制在300/10万以下并呈持续下降态势,碘缺乏病、疟疾等地方病防治成效显著,传染病与地方病监测手段和检测能力逐年提升。特别是新冠肺炎疫情发生以来,全市采取了最严格的防控措施,建立多部门防控措施联动机制,充分利用疾控机构专业优势,在疫情防控培训、技术指导和病原学检测上发挥了"主力军"和"一锤定音"的作用。

2.提高公共卫生服务能力

印发了《关于健全完善公共卫生应急管理体系的实施意见》。从健全公

共卫生应急管理体系、完善重大疫情防控体系、完善重大疫情救治体系、健全完善公共卫生应急管理保障体系四个方面逐步加快构建指挥高效、职能明确、功能完备、处置有力、保障到位的公共卫生应急管理体系，提高了嘉峪关市公共卫生服务能力。

3. **完善公共卫生体系，提高重大疾病、重点传染病防控水平**

压紧压实责任，强化督导检查，严格遵守操作规程，细化任务措施。进一步落实部门管理责任、企业主体责任，做好"外防输入"工作，筑牢疫情防控屏障。加强疾病预防控制体系建设，针对传染病、慢性病、免疫规划、精神卫生、环境健康与学校卫生等工作中的突出问题，不断优化工作模式和服务流程，努力提高工作能力和服务效率，切实维护嘉峪关市公众生命安全与健康。

4. **推进慢性病防治**

成功创建省级"慢性病综合防控示范区"，广泛深入地开展健康社区、健康单位、健康学校、健康食堂、健康餐厅创建工作，精心打造健康主题公园、步道、小屋、健康一条街，普及公共体育设施，倡导全民健身运动。广泛开展"三减三健""慢性病防控知识宣教"等活动，人民健康素养水平有了较大提升；慢性病监测体系日趋完善，能够动态掌握慢性病及其危险因素流行趋势；高危及患病人群等主动筛查项目工作质量不断提升；患病人群规范化管理成效显著，高血压、糖尿病等主要慢性病人群规范管理率均在85%以上。

5. **加强职业病防治工作**

对市辖区内138家企业开展用人单位职业卫生"双随机"、建设项目职业病防护设施"三同时"、职业病防治重点问题、放射源安全等执法专项监督检查活动。开展职业健康省、市级评估，放射工作人员职业病危害监测、职业病鉴定等工作。

6. **强化食品安全监测工作**

全年共监测食源性致病菌9大类13种食品185份样品，其中，不合格7份，合格率为96.22%。共监测食品中化学污染物和有害因素11大类24种137

份样品。监测化学污染物和有害因素 6 大类 104 项。设置食源性疾病监测点 16 个，食源性疾病病例网络直报审核 121 例，及时审核率为 100%。

7. 落实结核病防治工作

定期对定点医院指标完成情况、结核病实验室及耐药可疑者筛查工作、耐多药可疑者筛查情况和全市各基层医疗机构肺结核患者健康管理工作进行督导。全市登记活动性患者 90 例，基层医疗卫生机构应管理 87 例，实际管理 87 例，规范服药 84 例，肺结核患者管理率为 100%，肺结核患者规范服药率为 96.5%。

8. 严格落实疫苗可预防传染病预防接种工作

严格疫苗冷链管理，确保疫苗接种安全。全市各预防接种单位冷链设备满足接种需求，实现了监测数据适时与省疾控中心对接监控，严格落实全程冷链配送，严格实施扫码接种、全程电子溯源监管和"三查七对一验证"预防接种措施。2021 年，全市累计接种免疫规划疫苗 129855 剂次，接种率在 95% 以上。

9. 开展精神卫生工作

全市在册患者 560 人，患者检出率为 2.21‰。全市规范管理严重精神障碍患者 458 人，规范管理率为 81.79%，面访率为 91.4%，全市严重精神障碍患者服药率为 87.86%，规律服药率为 59.29%。精神分裂症服药率为 85.9%，精神分裂症规律服药率为 61.79%。

10. 落实饮用水卫生监测工作

共设置用户水龙头水监测点 20 个，城市覆盖率为 100%；月监测采样 264 份，合格率达 100%。

（三）稳步实施国家基本公共卫生服务项目，高质量完成各项目标任务

各基层医疗机构真抓实干，突出特色亮点，精心服务居民，以强化重点人群和慢病管控为重点，落实基本公共卫生服务和家庭医生签约服务同步推进，年度目标任务顺利完成。家庭医生签约服务重点人群签约率达 87.36%，

全年个性化服务包签约共 1948 个。

1. 医养结合服务持续推进

建设社区卫生服务中心康乐寿医护养老院入住 118 人，床位使用率达 91%；其"融养老服务于社区健康管理"服务模式作为全国医养结合典型经验获得推广，并荣获"全国敬老文明号""国家卫生健康委第二批老龄健康医养结合远程协同服务试点机构""甘肃省首批医养结合示范机构""甘肃省陇家福健康百佳——健康助老中心"等称号。对胜利社区卫生服务中心医养结合示范点（雄关街道综合养老服务中心）项目进行改造提升。该项目建筑面积达 3702 平方米，改造及设施设备总投资为 697.71 万元。

2. 标准化建设加快规范

通过优质服务基层行活动，对标建设、以评促建，全方位提档升级，建设社区、胜利社区卫生服务中心已达全国"推荐标准"，其余 9 家机构达到"基本标准"并向省级备案。

3. 服务能力逐步提升

以常见多发病规范诊疗、中医适宜技术、基本公共卫生服务规范及高血压、糖尿病防治管理等为主要内容，通过全面应用能力提升远程培训系统和"云鹊医"等平台开展培训活动，基层医务人员"应训尽训"，学习任务完成率达 100%。全年累计外派 27 名基层人员进修学习。积极打造中医药预防保健、养生康复等特色服务，持续推进中医综合服务（中医馆）能力建设。建设社区卫生服务中心通过甘肃省医疗机构呼吸疾病规范化诊疗体系与能力建设项目评审，被评为国家基层卫生人才培训基地，承担全省能力提升培训项目，2021 年培训兰州市及兰州新区乡村医生 200 名。

4. 乡村一体化夯实巩固

各村卫生室在开展常见病诊疗服务的基础上，协助卫生院做好基本公共卫生服务工作。认真贯彻落实《甘肃省乡村医生管理办法（试行）》[①]，为 47 名离岗村医发放养老补贴 10.8 万元，养老政策落实率达 100%；及时发

---

① 甘肃省人民政府办公厅：《甘肃省乡村医生管理办法（试行）》，2021 年 3 月 16 日。

放村医基本公共卫生服务、基本药物、省级定额等补助和生活补贴，保障村医待遇，巩固农村医疗卫生网底。

5. 群众满意度日益提升

通过"五进"活动开展健康讲座、义诊、现场签约、入户、咨询等服务，通过"世界家庭医生日"主题宣传活动，吸引群众主动签约。全年共更新各类健康教育宣传栏 113 次，发放宣传资料 4 万余份，开展各类咨询活动 172 次，举办健康教育知识讲座 146 次，播放健康教育音像资料 1.7 万余小时，群众享受基本公共卫生服务的感受度和获得感日益提升。

（四）全面落实重大妇幼公共卫生项目，健全妇幼健康服务网络

1. 重大妇幼公共卫生项目顺利实施

扎实开展农村妇女"两癌"检查、免费孕前优先健康检查、农村妇女孕前和孕早期增补叶酸与农村免费计划生育服务、新生儿疾病筛查等项目，预防艾滋病、梅毒、乙肝母婴传播。为使各项目顺利实施，成立项目办公室，制定下发各项目实施方案，从目标人群、实施范围、组织管理、工作流程等方面细化工作措施，切实做到项目规范管理、有章可循。共完成农村妇女"两癌"检查 2100 人，预防艾滋病、梅毒和乙肝母婴传播项目免费检测 10189 人，增补叶酸预防神经管缺陷 5647 人，新生儿疾病筛查和听力筛查率在 99% 以上，为 1843 对夫妇实施免费孕前优生健康检查，免费发放避孕药具 2.1 万余盒，确保人民群众人人享受到基本公共卫生和基本医疗服务。扎实推进出生缺陷防治工作，通过开展婚前医学检查、孕期保健、增补叶酸、免费孕前优生健康检查、新生儿遗传代谢性疾病筛查和听力筛查等一系列孕前、孕中和产后检查项目的实施，实现出生缺陷的三级预防，达到全面提高出生人口素质的目标。

2. 加强妇幼健康体系建设

加强危重孕产妇和新生儿急救中心建设，全市建成 2 个孕产妇和新生儿急救中心。随着市妇幼计生中心业务量的增长，为更好地满足全市妇女儿童健康需求，市妇幼计生中心四层医疗业务用房（2020 年总投资 1700 万元，

占地面积 4365 平方米，建筑面积 3992 平方米）于 2021 年 9 月 5 日正式投入使用。该中心新增床位 86 张，新购一体化产床、便携式彩超、新生儿辐射台、耳声发射仪等大中型医疗设备 60 余台，增加产养一体化家庭式产房、月子中心、产后康复、妇科、儿科等特色业务。同时，该中心积极引进新设备，开展新业务，成功应用腹腔镜、宫腔镜和射频消融设备开展腹腔镜下子宫切除、子宫肌瘤切除与消融等 10 多种微创手术业务。通过加强软硬件建设，嘉峪关市进一步提高了妇幼健康服务能力，满足了全市妇女儿童医疗保健的需求。

3. 加强妇幼工作人员培训

先后组织全市产、儿科医生，妇幼保健，信息人员参加国家和省级各类妇幼健康知识培训班，承办全省艾梅乙母婴传播项目师资培训班，推动项目的有效实施。每年举办一次全市孕产妇、新生儿危重急救实战演练，邀请省级相关专家指导点评，进一步规范了急危重症孕产妇和新生儿的急救、转运、抢救流程，提高了各学科协作配合意识和救治能力。全市共培训妇幼相关人员 2000 人次。

4. 规范孕产妇和儿童健康管理

开展新生儿访视、儿童保健管理和孕产妇孕期保健和产后访视。落实妊娠风险筛查与评估、高危孕产妇专案管理、危急重症救治、孕产妇死亡个案报告和约谈通报等母婴安全五项制度。对筛选出的高危孕产妇实行专案管理，积极推广母子健康手册的应用，确保高危孕产妇筛查、管理和住院分娩安全。全市实现 3 年无孕产妇死亡，婴儿死亡率 2.11‰，5 岁以下儿童死亡率 2.46‰，均低于全省平均水平。

5. 强化对辖区托幼机构卫生保健管理

联合教育局开展托幼机构卫生保健管理暨儿童眼保健和视力检查工作培训班。围绕行政管理、基本设备及环境布置、卫生保健等工作，联合市教育局对全市公办、民办幼儿园开展卫生保健工作督导，进一步推动全市托儿所、幼儿园卫生保健工作有效落实。对新开办托幼机构积极开展卫生保健评估工作。

二 公共卫生事业发展存在的问题

一是公共卫生服务投入经费仍须进一步加大。部分设施设备滞后，仍需要在硬件基础建设、业务发展方面扩大投入。二是公共卫生专业技术人才紧缺。受经济环境、工资薪酬、人员编制等影响，存在医务人员招聘难、引进难、留住难的问题。三是公共卫生服务质量须进一步提高。全社会的公共卫生意识还不够强，突发公共卫生事件应对机制还不够完善。四是信息化建设有待加强。各类信息系统不能实现数据的互联互通，信息人才匮乏，在一定程度上制约了服务能力的提升。

三 公共卫生事业发展的建议

（一）健全完善公共卫生事业保障体系

积极争取省级支持，统筹用好上级转移支付和本级预算安排等资金，建立稳定的市级公共卫生应急经费投入保障机制，明确公共卫生应急体系所需基本建设、设备购置、物资储备、信息化建设和机构运转等均由财政保障。规划建设重大疫情应急物资储备库，提高物资分级保障、综合管理和统筹调配的能力。建立多专业协作卫生应急队伍，探索建立跨行业多部门的信息协同共享机制，建设公共卫生大数据平台，不断完善信息互通共享机制，建设重大疫情监测预警信息平台。

（二）完善重大疫情防控和救治体系

制定医疗机构疫情防控责任清单，健全以市疾控中心为骨干、临床医疗机构为依托、基层医疗机构为网底，全社会协同的疫情防控体系，充分运用"大数据+网格化+基层队伍"建立工作衔接联动、信息互通共享机制，筑牢群防群治防线。加强基层医疗机构公共卫生能力建设，承担疫情风险的哨点

监测和及时报告职责。持续提升核酸检测能力，加强公共卫生人才队伍建设，搭建防治结合、人员柔性流动平台，加快重大传染病定点收治医院能力建设，提升发热门诊收治能力。

（三）建立健全公共卫生应急管理体系

构建统一领导、部门协同、上下联动、权威高效、响应顺畅的公共卫生应急指挥体系，完善突发公共卫生应急预案体系并建立定期修订制度。完善公共卫生监测预警体系，建设公共卫生大数据平台，建立跨行业多部门的信息协同共享机制。建立医疗机构和公共卫生机构信息互通共享机制，建设重大疫情监测预警信息平台。依托全省远程医学信息平台，构建覆盖市、镇医疗机构的远程医疗救治平台，实现突发公共卫生事件的信息化协同救治。在关键风险点设立监测哨点，建立传染病监测哨点布局和信息直报系统，实时报送疫情预警信息。科学配置医疗资源，建设大型综合性医院牵头的专科（技术）联盟，实现同质化服务，继续加强嘉峪关市"省级慢性病综合防控示范区"建设，强化综合医院公共卫生科建设，提升临床公共卫生服务能力。

（四）优化基本公共卫生服务项目和内容，突出满足群众卫生健康需求

以妇幼、老年人、慢病患者等重点人群为切入点提升基本公共卫生服务质量，做好重点人群健康管理，以高血压、Ⅱ型糖尿病等慢病患者健康服务为突破口，推进基层慢病医防融合，全面开展科普宣讲、高危人群筛查、回访用药、病情监测等慢病患者健康管理工作，提升慢病患者服务获得感。以签约服务方式、内容、收付费、考核、激励机制为突破口，不断丰富服务内涵和形式，积极推进家庭医生签约服务，在确保服务质量和签约居民获得感、满意度和质量的前提下，循序渐进积极扩大签约服务覆盖面。将群众满意度作为绩效评价的重要参考指标，发挥绩效评价激励导向作用。深化推进"优质服务基层行"活动和社区医院建设，科学规划布局，突出服务特色，力争新增一家达到推荐标准的基层医疗机构。

（五）加强妇幼健康内涵建设，不断提升妇幼保健公共卫生服务能力

坚持医疗保健服务一体化，在内涵建设上下功夫，引进新项目，开展新技术。切实加强重症学科建设，着力提升嘉峪关市产科、儿科危急重症诊治技术水平，提高危急重症患者抢救成功率，努力降低孕产妇和新生儿死亡率，保障母婴安全。婚检是控制出生缺陷的第一道关口，由于强制婚检的取消，嘉峪关市的婚前医学检查率普遍很低，2020年达到11.6%、2021年降到6.4%。下一步要进一步积极推广"一站式"中心服务，为群众提供包括婚姻登记、优生优育指导、婚前医学检查、孕前优生健康检查等全方位服务。

B.14
2021年嘉峪关市社会保障事业
发展情况及建议

张智星　陈莹莹*

摘　要： 嘉峪关市不断健全覆盖全民、统筹城乡、公平统一、可持续的多层次多样化社会保障体系，为广大人民群众提供更可靠、更充分的保障。本报告建议嘉峪关市2022年进一步织密社会保障兜底网，全力推进全民参保计划落实，全面提升社会保险经办服务水平，加强社保基金监管，加快社会保障法制化建设，促进社会保障事业高质量发展、可持续发展。

关键词： 社会保障　保障体系　社会保险制度

2021年，嘉峪关市社会保障工作始终践行以人民为中心的发展思想，紧紧围绕习近平总书记对甘肃重要讲话和指示精神，聚焦"六稳""六保"，兜牢民生底线，巩固保障基础，为经济社会高质量发展催生动力、为社会民生改善蓄力赋能。

一　社会保障事业发展的主要做法

（一）扩容扩面，社会保险覆盖面不断扩大

社会保障是构建和谐社会的"安全网"和"减震器"，扩大社会保障覆

---

* 张智星，嘉峪关市委政策研究室综合科科员，主要研究方向为行政管理；陈莹莹，嘉峪关市人力资源和社会保障局社会保险科科员，主要研究方向为社会养老事业发展及保障。

盖面是实现社会公正的重要条件。[①] 嘉峪关市坚持把社会保险扩面工作作为重中之重，持续推进社会保险政策宣传活动，将扩面工作重点向非公经济组织、流动就业人员和新业态从业人员延伸，引导其积极参保、长期参保、连续缴费。2021年社会保险扩面工作成效显著，各项社会保险的参保人数和覆盖范围不断扩大。截至年底，各项社会保险参保人数和参保率分别为：城镇企业职工基本养老保险参保人数达12.50万人（含离退休人员），参保率为97.78%；机关事业单位养老保险参保人数达1.16万人（含离退休人员），参保率为100%；城乡居民基本养老保险参保人数达2.28万人（含领取待遇人员），参保率为97.17%；失业保险参保人数达6.68万人；工伤保险参保人数达7.29万人。[②]

（二）社会保险制度体系建设更加公平可持续

一是深化"放管服"改革，优化营商环境，推进人社行风建设，进一步挖掘服务群众的内生动力，不断提升窗口标准化、便利化和适老化服务水平。依托新媒体强化政策宣传，推进人社服务"一网通办""一窗通办"工作，依托嘉峪关市数字政府建设，进一步加快智慧人社信息平台建设进度，丰富社保卡应用场景，继续扩大银行即时补换卡网点覆盖范围和应用范围，持续拓宽人社服务渠道。二是落实企业职工养老保险省级统筹各项政策，及时划转市级缺口资金，为嘉峪关市养老保险制度持续发展奠定基础；及时归集上解嘉峪关市机关事业单位职业年金，委托省社保中心开展投资运营，实现保值增值，为提高职业年金待遇夯实物质基础。三是落实灵活就业人员养老保险相关政策，做好扩面征缴工作，做到应保尽保。做好灵活就业人员与城乡居民养老保险制度衔接工作。

---

① 黄艳娥、石晶：《从社会公正看扩大社会保障的覆盖面》，《社会主义研究》2007年第6期，第138页。

② 本报告数据由嘉峪关市人社局汇总整理。

（三）强化待遇落实，持续提高待遇水平

1. 做好各项社保待遇调整和发放工作

依据政策及时落实退休人员基本养老金待遇调整及工伤待遇提标并足额兑现，保障退休、伤残人员的基本生活，有效拉动内需，为经济社会发展注入活力。连续 17 年调整企业职工养老保险待遇，调整后，企业退休人员人均增加 156.05 元/月，平均养老金达到 3547.80 元/月；五七工、家属工人均增加 124.79 元/月，平均养老金达到 1334.83 元/月。连续 6 年调整机关事业单位人员养老保险待遇，人均增加基本养老金 178.08 元/月，平均养老金达到 5312.62 元/月；落实城乡居民基本养老保险省级基础养老金提标补发工作，提标后，全市居民养老保险待遇领取标准最高达到 628 元/月，平均待遇标准达到 305 元/月。严格落实企事业单位工伤人员伤残津贴、生活护理费、工亡职工供养亲属抚恤金等待遇的调整政策，确保参保人员待遇应享尽享。

2. 减负稳岗提技能，激发企业活力

延续执行阶段性降低失业保险费率政策。为 2154 户用人单位减轻负担 4931 万元；积极推进建筑业农民工按项目参加工伤保险"同舟计划"、失业保险援企稳岗"护航行动"和技能提升"展翅行动"，新开工项目参保率达 100%，为 366 户企业发放稳岗返还资金 889 万元，惠及职工 4.76 万人，为 1987 人次发放技能提升补贴 298 万元，进一步激发了企业活力。

（四）快办快结，高效行政，公共服务水平迈上新台阶

1. 提质增效丰富"人社服务快办行动"内涵

持续深入推进"人社服务快办行动"，印制实施细则，制定规范化的办事指南、流程图、申请表单。对 10 个打包"一件事"进行流程再造、材料整合，畅通科室流转、同步办理，变分散被动办理为集中主动帮办代办，实现所有事项"简便办"，106 项事项集成"打包办"，41 项高频事项"提速办"，12 项事项下放至社区或三镇服务中心"就近办"，新开办企业社保参

保登记时间压缩在 0.5 个工作日之内，持续提升利企便民水平。

2. 提质增效扩充社保卡"一卡通"应用范围

加快推进社保卡在社会保障、金融服务等领域的广泛应用，增加社保卡在社会保险待遇、就业创业和职业培训补贴等方面的资金发放功能，提升申领便捷度。已实现身份认证，社保转移接续，养老、失业保险待遇发放等85 项业务"一卡通"应用。设置社保卡服务专窗，加强与各银行之间的合作，发挥金融机构服务网点优势，采取及时制卡和批量制卡相结合的模式，截至 2021 年底，全市制发社保卡 22.7 万人次，提升社保卡联动服务、基层服务、线上服务和跨地区服务能力。

3. 提质增效传播人社政务服务正能量

大力推行"一窗通办"，通过综合柜员制使窗口工作人员由专业型向全能型转变，持续提升综合服务能力，杜绝群众办事"不知道去哪、不知道找谁"的问题。按照"4 级 46 同"的要求，对政务服务事项进行再梳理，实现无差别受理、同标准办理。延长 12333 人社服务专线接听时间，增加服务专线人工坐席数量，强化政策培训，及时回应群众关切，提供不间断人社服务。"人社政务服务电子地图"入驻高德、百度地图等应用，经办指引更加清晰。推进服务环境适老化提升改造，对高龄老人提供全程服务引导，协助解决智能设备使用问题，让老年人办事"无障碍、不折腾"，人社政务服务好评率在 95%以上。

（五）强化经办风险防控

1. 牢守底线开展社保基金管理专项整治工作

扎实开展社保基金安全"警示教育月"活动，强化责任担当，筑牢思想防线，健全管理制度，杜绝违规操作，以"三不一体"理念持续增强社保基金管理风险的预见性，提高应对风险的主动性，推动专项整治工作走深走实。规范使用社保"A++"财务系统，明晰岗位权限，有效衔接监督，各险种凭证按月及时准确录入，各险种报表按期取数、账表一致，真正管好用好社保基金。持续完善基金运行风险事前规范、事中控制和事后监督机

制，稳步提升社保基金收支预算执行率。各项社保基金收入达35.18亿元（缴费收入完成19.34亿元，财政补助收入完成1.33亿元，利息收入完成1637.87万元，上级转移收入完成1626.57万元），完成预算的104%。各项社保基金支出达33.87亿元，完成预算的103.5%，其中：企业职工养老保险基金支出25.14亿元（省级统筹按需划拨）；机关事业单位养老保险基金支出2.28亿元，完成预算（2.22亿元）的102.7%；城乡居民养老保险基金支出4152万元，完成预算（4079万元）的101.79%；工伤保险基金支出5683.58万元，完成预算（6531.9万元）的87.01%；失业保险基金支出4744.64万元，完成预算（3572.65万元）的132.8%。各项基金收支平衡，略有节余。

2. 牢守底线堵塞社保经办风险漏洞

将基金风险防控措施融入各项社会保险经办全过程，强化社保基金运行动态监测机制，发现要情及时上报，落实"三个全面取消"，待遇支付全面实现社银接口传输、系统报盘发放，操作留痕可溯，有力地防范了基金风险。加强与公安、民政、卫健等部门数据共享，充分利用部级信息平台加大数据比对分析力度，及时核实处理疑点问题数据，最大限度地杜绝虚报冒领、重复领取待遇现象发生。加强重点岗位人员廉政谈话提醒和警示教育，及时查找业务经办、社保稽核、内控管理、权限配置等方面的风险隐患。配合做好社保经办风险互查、社保基金管理审计整改等工作，修补弱项，防患于未然。

3. 牢守底线丰富社保基金监督手段

采取实地稽核、书面稽核、随机抽查、平台监控等方式，加强嘉峪关市各参保单位社保缴费监督检查工作，依法对56家劳务派遣和人力资源服务机构7785名员工进行实地稽核，对1034家参保单位1.97万名员工社保缴费情况进行书面稽核，随机抽取250家企业开展"双随机、一公开"执法检查工作，通过社保基金监管专网、稽核考核系统等大数据网络平台，对47467条疑点数据进行监控，强化分析应用。

二 社会保障事业发展面临的问题

（一）社会保障信息化建设有待完善

一是人社信息化工作仍然滞后，社保服务水平受到限制，没有打通便民服务"最后一公里"。灵活就业人员缴费业务还是通过线下办理、现场核定，参保人员需要在人社窗口、税务窗口以及银行之间奔波。社保缴费由税务部门负责后，虽然也在推进网上缴费系统的开发，但是进度缓慢，尚未实现灵活就业人员养老保险费的网上征缴。二是数据共享机制不够健全、畅通，无法进行实时数据比对，仅凭申领人提供的承诺书办理相关业务的程序存在风险隐患。

（二）社会保险费收不抵支问题日益凸显

当前，由于人口老龄化加重，社会保险费的扩面征缴空间日益缩小，而各项社会保险待遇水平持续提高，社会保险基金收支平衡面临越来越大的压力。

三 推动社会保障事业发展的建议

（一）全力推进全民参保计划落实

一是充分利用新闻媒体、报刊、宣传栏、微信等宣传载体，开展一系列有广度、有深度的宣传活动，通过运用多种宣传形式，把各项社会保险政策法规宣传到位，做到家喻户晓，营造全民参保氛围。二是加强部门联动，加大对企业的监管力度，对嘉峪关市用人单位劳动合同签订及备案，社会保险参保、缴费等情况定期抽查，向被抽查单位反馈，并向社会公告，督促其按时足额为职工参保缴费。三是通过运用联合惩戒手段，将企业参保情况作为必要条件，对各部门在立项、审批、统计、征费、年检，以及考核评比等各个环节进行严格把关，全面推进社保扩面征缴工作，确保社保基金可持续发展。四是继续下大力气抓好社会保险扩面工作，特别是小微企业、非公经济组织、新业态从业人员参加社会保险工作，确保新增参保人数和保费收入有效增加，减轻社会保险基金当期收支压力。

（二）全面提升社会保险经办服务水平

一是贯彻落实社会保险经办数字化转型指导意见，全面提升社会保险经办管理服务能力，加强社会保险经办系统人才队伍建设，完善线上线下相结合的经办服务模式，兼顾各类人群服务需求。优化改进社会保险业务信息系统，推动智能服务和传统服务深度融合，提升社会保险经办的精细化程度和社保经办队伍素质，强化服务意识、精准化管理意识和风控意识，营造学政策、钻业务、强技能、优服务的浓厚氛围。二是进一步健全信息比对机制，加强部门间横向、纵向信息数据共享，提升数据共享时效性。三是加强与税务部门的沟通协调，推进社保缴费信息化建设，尽快实现灵活就业人员网上缴费，为灵活就业人员提供更加便捷高效的缴费途径和服务体验。四是创新社保经办服务方式，优化老年人、残疾人等特殊群体的个性化服务。加强社保经办窗口管理，大力推行"一门办""一窗办"，积极探索"全程代办"服务模式。全力打造人社为民服务"直通车"，着力解决人民群众"急难愁盼"问题。充分发挥国家社会保险公共服务平台作用，全面实现社保高频事项"跨省通办""一网通办"。

（三）加强社保基金监管，确保运行绝对安全

一是严格落实社保基金监督检查情况和要情报告制度，强化分析研判、主动作为，进一步加强事前监管、源头控制。二是加大数据稽核力度，进一步规范数据管理，强化数据应用，加大对疑点信息的处理和整改力度，及时查处违规违法问题。三是针对"三个全面取消"、提前退休、重复领取、死亡冒领、违规领取待遇等重点问题，加强跨部门、跨系统数据筛查比对。四

是继续深入开展社会保险基金管理风险警示教育活动,进一步提高全员法纪意识、风险意识。加大参保人员诚信教育力度,引导参保对象规范参保,如实申领社保待遇。

（四）加快社会保障法制化建设

总体上来看,社会保障法制化建设取得了明显进步,但社会保障法制化建设与新形势、新任务的要求仍须进一步适应,社保立法进程须加速推进。特别是,法律刚性约束水平要不断提高,逐步形成系统完备的社保法律体系,制定符合实际、切实可行的法律法规执行制度；要做到良法善治,有效提高社保治理体系和治理能力现代化水平,推动社会保障事业在法治轨道上行稳致远。

B.15
2021年嘉峪关市法治政府建设
发展情况及预测

张智星　崔春祖*

摘　要: 本报告从嘉峪关市法治政府建设发展实际出发,归纳概括了嘉峪关市法治政府建设现状,分析了当前和今后一段时间内现实存在和可能预见的问题,为今后更好地开展法治政府建设相关工作提供了发展思路和措施。本报告建议抓好精心谋划未来5年建设、全面提高重大决策质量、全面推行行政复议体制改革、全面提升应急处置能力等方面工作,保障法治政府建设持续深入地进行。

关键词: 法治政府　行政执法　法治建设

一　法治政府建设情况

(一)行政执法规范化建设取得新提升

2021年,嘉峪关市在甘肃省内率先部署开展“行政执法提升年”活动,通过“十大举措”着力提升执法能力,规范执法行为,提高执法规范化水平,得到省司法厅和司法部、中央依法治国办调研组的充分肯定。

---

* 张智星,嘉峪关市委政策研究室综合科科员,主要研究方向为行政管理;崔春祖,嘉峪关市司法局行政执法协调监督科科长,主要研究方向为法治政府建设。

（二）证明事项告知承诺制取得新成效

按照全面推行证明事项告知承诺制，努力打造"无证明城市"的要求，2021年，嘉峪关市先后梳理公布第六批、第七批告知承诺制证明事项目录，累计公布7批事项目录，涉及单位31家，涉及证明433项；率先出台"无证明城市"考核办法，对深入推进证明事项告知承诺制进行了制度机制方面的探索。截至2021年底，嘉峪关市级各部门采用承诺制办理依申请证明事项4.1万余件，极大地方便了群众和企业。①

（三）法治政府建设迈上新台阶

继2020年7月嘉峪关市被中央依法治国办命名为首批"全国法治政府建设示范市"② 后，2021年，嘉峪关市选送的"法治宣传教育"和"城市管理执法标准化建设"两个项目通过甘肃省委依法治省办初审核查，并向中央依法治国办推荐，被列入甘肃省推荐的6个单项项目。

二 法治政府建设的主要经验

（一）高位谋划精心部署，统筹安排法治政府重点建设

一是认真落实法治建设第一责任人职责。嘉峪关市主要领导先后在各层级主要会议听取法治政府建设相关工作汇报，审议重要文件，研究解决重大问题，为嘉峪关市法治政府建设工作提供了有力的保障。二是细化年度重点任务。印发《2021年嘉峪关市法治政府建设工作要点》，从8个方面安排33项具体措施并逐项分解，切实明确任务、靠实责任，确保法治政府建设工作纵深推进、任务全面落实。三是强化督察整改。认真落实司法部专项督

---

① 本报告数据由嘉峪关市司法局汇总整理。
② 全国法治政府建设示范市，由中央依法治国办于2020年7月31日公布；全国40个城市被命名为全国法治政府建设示范市（县、区）。

查反馈问题，结合市情实际提出 19 项整改措施，认真督查督办，整改任务全面落实到位。

（二）紧盯重点加强学习，法治意识明显提升

一是认真组织领导干部学法。将习近平法治思想和中央全面依法治国工作会议精神以及推动经济社会高质量发展相关的法律法规作为推进各级执法部门学法的内容。嘉峪关市全年组织全市干部学法 14 次。二是认真组织领导干部任前考试。严格落实《嘉峪关市领导干部任前廉洁从政和依法行政法律法规知识考试办法》，做到"凡提必考""凡晋必考"。进一步守牢了纪律"红线"和法律"底线"。三是加强执法人员培训。紧盯法治政府建设新部署、新要求和行政执法工作需要，有针对性地制订执法人员学习培训计划并认真组织实施。嘉峪关市组织全部 826 名行政执法人员参加了综合法律知识网络培训与测试，各行政执法单位均结合工作实际组织了专业法律知识培训与测试。

（三）认真立法强化审核，重大决策依法依规

一是有序推进立法工作。结合实际制订 2021 年度立法工作计划，安排地方性法规立法项目 2 个、政府规章立法项目 2 个。已完成《嘉峪关市制止餐饮浪费行为条例》起草任务，按期提交嘉峪关市人大常委会审议；按要求完成《嘉峪关市物业管理条例》调研任务。二是加强规范性文件管理。认真落实行政规范性文件备案审查与管理制度，组建行政规范性文件审查专家库，公布行政规范性文件制定主体清单，确保嘉峪关市出台的规范性文件合法合规。2021 年全市共审查行政规范性文件 24 件，清理规范性文件 73 件，向甘肃省政府和嘉峪关市人大常委会备案规范性文件 6 件。三是加强重大决策制定与管理。严格落实重大行政决策"五大程序"制度，制定《嘉峪关市国民经济和社会发展第十四个五年规划和二〇三五年远景目标纲要》《嘉峪关市重大项目建设协同推进实施方案》，对重大决策事项进行统筹安排，实行规范化、清单化管理。实行重大项目市级领导包抓责任制，2021

年确定市级领导包抓重大项目 50 项。四是充分发挥法律顾问作用。广泛聘请法律顾问，嘉峪关市党政机关基本实现法律顾问全覆盖。充分发挥行政机关法律顾问和法律专家咨询委员会作用，组织法律顾问审查合同、协议 69 件，重要涉法性文件 110 件，有效保障了重大行政决策的合法合理性。

（四）深化改革减证便民，政务服务效能加强提高

一是推进行政审批制度改革。大力压缩行政审批时间，嘉峪关市行政审批事项办理时限在法定时限基础上平均压缩 68%，企业开办审批时间总体压缩在 3 个工作日以内。开展行政审批制度改革落实情况"回头看"活动，对 2001 年以来省政府 24 批次下放的 285 项行政审批事项和 101 项备案事项承接情况进行全面清查。全面清理行政审批中介服务，嘉峪关市行政审批中介服务机构的人、财、物均与政府脱钩，政务服务网上可办率达 99.7%，高频事项基本实现"最多跑一次"。二是深入推进证明事项告知承诺制。出台《全面推行证明事项告知承诺制打造"无证明城市"工作考核办法（试行）》，推动证明事项告知承诺制工作向纵深开展。累计公布 7 批实行告知承诺制事项目录，涉及证明事项 433 项；采用告知承诺制办理证明事项单位达 31 家，占所有承办依申请类政务服务事项单位总数的 75%。2021 年，嘉峪关市采用承诺制办理证明事项 1.4 万余件，有效缓解了"多头跑""来回跑""循环证明""重复证明"等问题，社会公众对政务服务质量和行政效率的满意度显著提升。

（五）创新行政执法方式，行政执法高效规范

一是创新开展"行政执法提升年"活动。通过组建市级行政执法案卷评查专家库、选聘特邀行政执法监督员、组织开展线上线下执法人员培训、实行被纠错行政执法案件定期通报等十大活动，进一步提升执法人员素质、规范行政执法行为，指导监督行政执法工作合法规范开展。二是全面贯彻实施《行政处罚法》（2021 年修订版）。印发学习宣传方案，通过组织一次专题学习、组织一场交流研讨、编印一本学习资料、发起一轮集中宣传等

"六个一"系列活动，扎实开展《行政处罚法》（2021年修订版）的学习宣传贯彻工作，进一步提高和增强执法人员法律素质与规范执法意识。三是全面加强行政执法监督。印发行政执法监督工作要点，将行政执法重点工作全部列入监督范围。选聘30名特邀行政执法监督员（其中企业家代表15名），及时听取社会各界，尤其是企业家代表对行政执法工作的意见和建议。认真开展行政复议与行政应诉工作，对被撤销和确认违法的案件制发行政复议建议书，向相关单位通报被纠错案件。组织召开执法案件警示通报会议。认真落实行政机关负责人出庭应诉制度，着力提高出庭应诉率，2021年，嘉峪关市行政机关负责人出庭应诉率达到94.4%。四是积极开展示范创建活动。按照第二批全国法治政府建设示范创建活动要求，积极申报嘉峪关市示范创建项目。"法治宣传教育"和"城市管理执法标准化建设"两个项目被甘肃省委依法治省办推荐为第二批全国法治政府建设示范创建项目。

（六）排查隐患化解纠纷，法治服务能力显著提升

一是加强隐患排查治理。及时研判预警，认真开展维稳安保矛盾纠纷排查调处活动。扎实开展"打击防范非法集资和金融诈骗""打击治理电信网络诈骗新型违法犯罪"等专项行动，加强风险防控。二是加强人民调解工作。积极开展"枫桥式"司法所和人民调解组织、调解员创建活动，嘉峪关市1个司法所、1名司法行政工作人员分别被评为"全国模范司法所"和"全国司法所模范个人"。2021年，嘉峪关市各级人民调解组织共排查化解矛盾纠纷3207件，调解成功3206件，调解成功率达99.97%。三是认真开展法律服务。抽调执业律师组成法律服务团队，免费为民营企业开展"法治体检"20次、体检企业296家。2021年，嘉峪关市公共法律服务中心（含服务站、服务室）接待来电来访法律咨询1.1万人次，司法公证处办理公证案件2839件。

（七）加强监督公开公示，行政权力得到有效制约

一是全面推行政务公开。坚持"公开为常态，不公开为例外"原则，着

力打造"阳光政府",提升政府工作透明度。主动公开机构设置和职能、规范性文件、财政预决算和"三公经费"、保障性住房、食品药品安全、教育卫生、社会保障、价格和收费、征地拆迁等重点领域信息5.7万条。二是自觉接受各界监督。认真履行向嘉峪关市人大及其常委会报告工作制度,严格执行人大及其常委会决定,认真答复询问,认真办理审议意见,及时研究办理人大代表意见和建议。主动接受嘉峪关市政协民主监督,广泛听取民主党派、工商联、无党派人士、人民团体意见,认真办理政协委员提案。尊重并执行人民法院生效判决,积极配合检察机关履行监督职责;重视法院、检察院司法建议并及时办理、反馈。自觉接受社会监督和舆论监督,畅通监督渠道,方便群众投诉举报、反映问题,依法及时调查处理投诉、举报问题。三是全面加强内部专项监督。对财政资金分配使用、国有资产监管、政府投资、公共资源交易、公共工程建设等权力集中的部门和岗位实行分事行权、分级授权、定期轮岗,强化流程控制,防止权力滥用。对行政事业性收费、行政审批中介服务项目及收费取消情况进行专项检查。认真发挥审计常态化"经济体检"作用,切实加强对重点资金、重点领域和重要经济责任审计对象的审计监督。

三 法治建设的对策建议

2022年,嘉峪关市法治政府建设要进一步靠实责任、强化措施、加强考核督办,继续努力为全市经济社会发展提供良好的法治保障,须重点抓好以下工作。

(一)精心谋划未来5年建设

巩固法治政府建设示范市成果,结合国家《法治政府建设实施纲要(2021—2025年)》和《甘肃省法治政府建设实施方案(2021—2025年)》,精心制定嘉峪关市法治政府建设实施方案,为未来5年法治政府建设制定施工图、路线图和任务表,确保嘉峪关市蝉联"全国法治政府建设示范市",并力争在法治政府建设示范创建方面取得新成果。

（二）全面提高重大决策质量

制定《嘉峪关市政府合同联合审查工作规则》，加强和规范市政府合同签订的合法性、规范性和可操作性，保障财政资金安全和公共资源、公共资产的有效利用，预防和减少合同纠纷，切实维护社会公共利益。按要求制定并公布重大行政决策事项目录，对重大行政决策实行清单化管理。

（三）全面推行行政复议体制改革

按照《甘肃省行政复议体制改革实施方案》《嘉峪关市行政复议体制改革工作实施方案》和甘肃省行政复议体制改革工作会议精神，全面落实"有机构、有人员、有经费、有场所、有手段"的"五有"要求，配齐配强行政复议人员，保障行政复议场地和工作经费，确保满足复议机构履职需求。

（四）全面提升应急处置能力

健全嘉峪关市突发事件应急预案体系，完善突发公共事件总体和专项应急预案，使其与国家、甘肃省的发展要求相适应。加强应急技能培训，定期组织学校、医院、大中型企业开展应急演练，不断提升依法预防突发事件、先期处置和快速反应能力。

B.16
2021年嘉峪关市养老产业发展情况及建议

于奋勇　李海飞　成小红*

摘　要： 2021年，嘉峪关市深入贯彻落实积极应对人口老龄化国家战略，巩固扩大居家和社区养老服务改革试点成果，持续完善居家社区机构相协调、医养康养相结合的养老服务体系，建成2个城市街道综合养老服务中心，开展困难老年人家庭适老化设施改造，满足老年人日益增长的多样化多层次养老服务需求，但其养老产业仍存在养老服务人才短缺、日间照料中心作用发挥不够、养老服务体系有待完善等问题。本报告建议从提升居家养老服务层次、优化社区养老服务网络、拓展多元养老服务空间等方面入手，不断完善设施建设、深化体制机制改革，推动养老产业加快发展。

关键词： 养老服务体系　适老化　养老产业

　　2021年底，嘉峪关市常住人口有31.53万人，其中60岁以上老年人有4.81万人，占总人口的15.26%；65岁以上老年人有3.60万人，占总人口的11.42%。与2020年人口数据相比，60岁以上人口比重增幅为1.05%，65岁以上人口比重增幅为3.15%，人口老龄化呈现基数大、占比高、增速快的发

---

* 于奋勇，嘉峪关市人大常委会副秘书长兼信访室主任，主要研究方向为社会保障与经济发展；李海飞，嘉峪关市居家养老服务中心干部，主要研究方向为养老服务；成小红，嘉峪关市居家养老服务中心工作人员，主要研究方向为养老服务。

展态势。① 嘉峪关市养老服务工作坚持以人民为中心的发展思想，立足新发展阶段，贯彻新发展理念，构建新发展格局，贯彻落实积极应对人口老龄化国家战略，着力破解养老服务面临的重点难点问题，积极建设更加充分、更加均衡的养老服务体系，持续增强老年人的获得感、幸福感和安全感，努力打造省域副中心，建设西部明星城，实现老有所养、老有所医、老有所为、老有所乐，让广大老年人享受幸福晚年生活。

一　养老产业工作成效

（一）居家养老服务开展情况

1. 顶层设计谋篇布局

市委市政府把养老工作纳入国民经济发展规划和重要议事日程，成立由市委副书记、市长任组长，常务副市长、分管副市长任副组长，15 个部门负责人为成员的市养老服务工作领导小组，高站位谋划布局，高质量推动落实。出台《关于加快发展养老服务业的实施意见》和《居家养老服务实施办法》等"1+13"②政策制度，建成以居家为基础、社区为依托、机构为补充，医养相结合的养老服务机制。

2. 专门机构专司其职

2014 年成立全省唯一副县级财政全额拨款事业单位——嘉峪关市居家养老服务中心，内设 3 个科室。截至 2021 年底，中心有全额拨款事业人员 9 人，公益性岗位和辅助用工人员 32 人，专门负责居家养老政策宣传、服务组织管理、老年人服务需求受理、居家养老服务补贴的申请和核拨等工作。中心先后获得全国首届"敬老文明号"称号、全省第二届"敬老文明号"称号、"全国民政系统先进集体"等荣誉。除此之外，嘉峪关市有居家

---

① 本报告数据由嘉峪关市民政局汇总整理。
② "1+13"是指《中共嘉峪关市委办公室嘉峪关市人民政府办公室关于印发〈嘉峪关市居家和社区养老服务改革试点实施方案〉的通知》（嘉办发〔2019〕15 号）及 13 个办法。

养老服务组织 64 家，其中，在城市，餐饮服务组织 15 家、上门服务组织 14 家、养老机构 10 家、助浴点 3 家；在农村，服务组织 22 家（含孝老饭庄 4 家）。服务网点覆盖全市城乡社区镇村。

3. 服务范围统筹城乡

嘉峪关市以城乡高龄、生活不能自理、计生特扶家庭老年人为重点，将 65 周岁及以上计生特扶家庭老年人、70 周岁及以上生活不能自理老年人和 75 周岁及以上老年人全部纳入居家养老服务保障范围，实现居家养老服务城乡全覆盖。截至 2021 年底，养老服务信息网络平台申请登记老年人 7698 人，其中，A 类有 1491 人，B 类有 3375 人，C 类有 1864 人，D 类有 968 人。通过政府购买社会服务的方式，市政府为老年人提供生活照料、餐饮、家庭保洁、家政、健康管理、精神慰藉等 12 类 53 项服务。2019 年 5 月至 2021 年 12 月，全市累计提供服务 165.78 万人次，其中，2021 年提供服务 62.02 万人次，较 2020 年增加 11.01 万人次。

4. 服务补贴足额保障

市委、市政府逐年加大服务补贴财政资金投入力度，高标准足额保障经费需求。通过政府购买服务方式，分类别给予每人每月 50~800 元不同标准的服务补贴，为本市户籍老年人提供助餐、助洁、助浴、助医、助行、护理"五助一护"居家养老服务。2019 年 5 月至 2021 年 12 月，全市累计投入财政资金 2839.56 万元，用于居家养老服务补贴，其中，2021 年发放服务补贴 1230.93 万元。

5. 智慧养老提质增效

运用物联网、云计算、大数据、移动互联网等信息技术和产品，投资 396 万余元，建成 PC 管理端、云平台呼叫端、手机客户端、微信公众号"四端一网通"的养老服务信息网络平台，构建起"线上申请下单、线下服务响应、全程智能监管"的信息化养老服务模式，为老年人提供更加便捷高效的服务。

6. 孝善基金强化责任

聚焦尊老敬老的传统美德和新时代养老服务的新特点，建立了"孝善基金+居家养老服务"模式，鼓励子女承担孝老爱老家庭责任。按照 50 元、

75 元和 100 元标准,政策补助标准内"子女交纳多少、政府补助多少"。2019 年 5 月至 2021 年 12 月,全市通过政府补贴累计撬动个人孝善基金 337.19 万元,其中,2021 年,个人交纳 169.37 万元,14 万人次参与。同时,居家养老服务重点对象以外的本市户籍老年人和非本市户籍老年人也可自愿出资购买居家养老服务。

(二)社区养老服务开展情况

1.加强基础建设

整合 31 个城市社区综合服务场所,建设功能完善的养老服务阵地,设置照料室、健身室、阅览室、书画室、舞蹈室、心理咨询室等场所,全市建成 48 个标准化社区,无障碍设施达 1500 余处。建设 48 家市民学校,配备老年活动器材 10000 台(套)、室内锻炼场地 9000 平方米、书画室 1000 平方米、棋牌室 10000 平方米、老年读物 8 万余册,城乡社区养老设施覆盖率达 100%。投资 630 万元建成 21 个城市社区老年人日间照料中心,覆盖率达 68%,每年为每个日间照料中心支持 0.5 万~1 万元的工作经费,保障其日常运营,着力打造"15 分钟养老服务圈"。

2.完善服务功能

投入 59.6 万元打造紫轩、五一、兰新、绿化和人民社区 5 个城市示范幸福苑和 3 个乡镇示范幸福苑,创建社区"幸福苑"示范点。投资 57.8 万元为 1000 户特殊困难老年人家庭进行了适老化设施配置,其中,配置适老化设施 800 套,卫生间适老化微环境改造部件 200 套。投资 39.05 万元实施了社区广场养老主题文化改造项目,对迎宾、铁南、和诚、朝阳、五一社区广场改造提升,打造了 5 个孝亲敬老活动阵地。扶持 75 万元建设 4 个农村孝老饭庄。投资 1400 万元建成雄关和钢城 2 个街道综合养老服务中心,配置护理型床位 156 张,设置养护区、护理区、日间照料区、就餐助餐区,为老年人提供全托日托、居家服务、膳食供应、康复护理、文化娱乐、医疗保健、精神慰藉等综合养老服务。

3. 拓展服务内容

各社区依托服务资源，有效利用舞蹈室、阅览室、书画室、棋牌室、心理咨询室、道德讲堂等现有公共服务设施，组织开展时政宣讲、义诊巡诊、健康养生、文体娱乐、汇报展演、科普宣传等活动。同时，利用传统节假日开展形式多样、各具特色的孝亲敬老主题活动。依托便民服务大厅功能，推行政策咨询、事务办理、纠纷调解、法律援助、代理代办等"一门式"为老服务。打造以社区为平台、养老服务类社会组织为载体、社会工作者为支撑、社区志愿者为辅助、社会慈善资源为补充的"五社联动"机制。在紫轩、五一、兰新社区开展"时间银行"① 试点工作，鼓励低龄或身体健康的老年志愿者为他人提供服务，实现互助养老。

4. 强化康养引领

推动医养康养深度融合，实现养老机构"医养结合"全覆盖，康乐寿医护养老院获评"甘肃省首批医养结合示范机构"。全市4家二级以上综合医院全部开通绿色通道，为老年人提供预防、保健、治疗、康复、护理和安宁疗护"六位一体"的健康管理服务。推广家庭签约医生健康服务机制，家庭医生签约团队为社区老年人常年提供个性化服务，老年人健康管理率达67%。实施阿尔茨海默病干预计划，200名老年人老年疾病得到有效抑制。

（三）省市为民办实事开展情况

建设2个街道综合养老服务中心是2021年市民政局承办的省市为民实事，要求严格、时间紧迫、任务繁重、责任重大。嘉峪关市居家养老服务中心作为项目具体实施单位，在市局的坚强领导和悉心关怀下，集全中心的力量和智慧，竭尽全力投身项目建设各项工作。一是全员参与推动项目进程。采取"菜单化"管理方式，细化任务、建立台账，倒排工期、销号清零。市局领导班子坚持每周下现场协调解决各项难题，强力推进项目实施。通过

---

① "时间银行"是指低龄或身体健康的中老年志愿者（其他年龄段志愿者亦可），将志愿服务时间存入各自账户，自己需要服务或年老需要扶助时，可从账户中提取积累的志愿服务时间并兑换成相应的服务，以此实现互助养老。

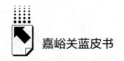
全天候驻守施工现场，严把建设内容、基本标准、工程质量、施工安全和施工进度等关口，千方百计协调解决遇到的困难和问题，全力以赴推进工程建设和设施配备等各项工作。结合党史教育"我为群众办实事"活动，组织全体工作人员先后5次赶赴施工现场，集中力量整饬庭院花池、修剪树木花草、摆放设施设备、清扫环境卫生，助力省市为民办实事任务落地见效。二是全力协调加快项目进程。加强与住建、发改、财政、自然资源、能源供应以及设计、监理等部门的沟通对接，及时协调解决工程施工、能源接引、工程验收、设施配备、工程决算等方面的困难问题，破除进度障碍，争分夺秒推进项目实施。及早起草运营管理方案，协助运营方启动和规范运营管理。协调成立省级为民实事评估验收小组，制定评估验收工作方案，如期组织实施并通过市级评估验收，在省政府和省民政厅的督查验收中获得好评。三是多方用力加大为民实事宣传力度。充分运用报纸、电视、微信公众号等新闻媒体，多维度、广范围地加强对全市建设2个城市街道综合养老服务中心的宣传工作。在《新甘肃》、《嘉峪关日报》、《雄关周末》和嘉峪关广播电视台等省市级媒体宣传报道7篇，在"嘉峪关市民政局"微信公众号和"雄关养老"微信公众号推送专题信息报道10篇。同时，通过悬挂条幅、LED电子显示屏等方式扩大宣传范围，营造浓厚氛围。积极与社区服务中心对接，组织老年人及其家属现场体验，开展"欢度中秋·喜迎国庆"等系列养老服务活动。

（四）适老化工作开展情况

嘉峪关市将适老化改造和设施配备列入第三批居家和社区养老服务改革试点任务之一并加以落实，有效满足了老年人的养老服务需求，提升了老年人的生活品质。

1.对象范围及申办程序

适老化设施配置对象为拥有嘉峪关市户籍的70周岁以上（农村申请条件可根据实际情况适当放宽）老年人，以失能、半失能、失智、高龄、低收入、计生特扶等老年人家庭为重点。优先保障符合条件的高龄、特困家庭和新冠肺炎疫情防控时期援鄂家庭老年人。重度残疾（一级、二级）老年人不重复享受政府补贴待遇（享受民政部门发放的残疾人两项补贴），同户老人只能享受一方。在申请办理的过程中，依托社区和村镇组织，按照政策宣传、老人申请、入户摸底、筛查核实、安装配备、组织验收六个程序进行。共入户摸排老年人1500余户2500余人。

2. 改造内容及补助标准

适老化改造总规模为1000套，分两类实施。一是安装卫生间适老化微环境改造部件200套（5件/套），改造部件包括130度无障碍扶手、无障碍U型上翻带支撑扶手、无障碍U型带支撑固定扶手、折叠浴凳和防滑垫各1件，单价为666元/套，总价款为133200元。二是配置老年人适老化设施800套，其中，城区家庭配置设施部件包括助行器、手杖凳、坐便椅、浴室防滑垫和烤电灯各1台，农村家庭未配置浴室防滑垫。单价分别为650元/套和630元/套，总价款为514680元。采取"政府补贴+个人自付"方式实施安装和配置，其中微环境改造财政补贴586元、个人自付80元（666元/套）；适老化设施配置城区家庭财政补贴570元、个人自付80元（650元/套），农村家庭财政补贴570元、个人自付60元（630元/套）。财政补贴资金从中央改革试点专项资金中列支。

3. 安装配备情况

该项目于2020年5月开始实施，2021年6月完成。特殊困难老年人适老化设施共配置800套，其中，城市老年人家庭配置534套，农村老年人家庭配置266套。适老化微环境改造共安装200套，其中，60户特殊困难老年人家庭安装60套，5家养老机构安装119套，11个社区老年人日间照料中心安装21套。项目完成后，分批对1000套适老化设施设备使用对象进行满意度问卷调查，满意率为99%。

二　养老产业发展存在的问题和不足

（一）养老服务人才短缺

养老服务队伍结构单一，专业化程度不高，多以传统生活照料、家政服务为主，高层次的专业护理、精神慰藉等健康管理人才缺乏，服务人员工资

待遇低，社会认可度不高，人员流动性大。养老服务产业动能未得到充分释放，市场活力尚未完全激发。

（二）日间照料中心作用发挥不够

社区没有专业化的人员管理日间照料中心，为老服务安全性和服务质效无法得到保障，社区老年人日间照料中心资源没有被充分利用，社区养老服务设施作用尚未充分发挥。

（三）养老服务体系有待完善

居家养老、社区养老、机构养老发展还不充分、不平衡，老年医疗和健康服务资源配置不足，服务的可及性、精准性有待提高；农村养老服务工作还存在弱项；信息互通的"堵点"仍然存在；居家社区机构相协调、医养康养相结合的养老服务体系有待进一步完善。

三 推动养老产业发展的建议

（一）提升居家养老服务层次

一是加强养老服务人才队伍建设，探索将有条件的养老机构发展成为实习实训点，建立养老服务褒扬机制，完善养老服务专业人才奖励补助和评先选优制度，持续开展养老护理员关爱行动和养老护理员职业技能竞赛活动，评选表彰养老服务先进集体和先进个人，形成一支数量充足、结构合理、素质良好的养老服务人才队伍。二是完善特殊老年人巡访关爱制度，定期为独居、空巢、农村留守、计划生育特殊家庭老年人提供探视与帮扶服务。三是实施城乡特殊困难老年人家庭适老化、信息化改造，引导发展"家庭养老床位"。四是鼓励养老机构发挥专业优势，为居家老年人提供生活护理、健康管理、精神慰藉等上门服务。

（二）优化社区养老服务网络

一是通过采用政府购买服务方式，引进具有相应资质的社会组织或专业化、连锁化养老企业，运营和管理社区老年人日间照料中心和农村互助幸福苑。二是探索和完善"社区+物业+养老服务"模式，延伸社区和物业企业的服务链条，发挥各自在养老服务领域的优势，优化养老服务供给。三是进一步发挥街道综合养老服务中心功能，满足社区老年人全托、日托、上门服务等周边、身边、床边的养老服务需求。四是将失能老年人家庭成员照护培训纳入政府购买养老服务目录，提高家庭成员照护失能老年人的能力。五是鼓励养老机构、社会组织、社工机构等走进社区，面向老年人开展养老照护、应急救护知识和技能培训活动。六是完善社区、社会组织、社工、社会资源及社区自治组织"五社联动"机制，广泛开展志愿养老服务工作，积极探索互助养老服务，落实"时间银行"养老储蓄行动。

（三）拓展多元养老服务空间

一是进一步推动医院与养老机构建立医养联合体，支持医疗机构增设老年人病床或转型为医养结合机构，鼓励养老机构内设老年病、医疗康复、护理等科室。建立社区卫生服务中心、社区日间照料中心结对协作机制，为老年人提供健康教育和咨询、中医保健康复、日常护理、慢性病管理等服务。二是鼓励新开发住宅小区配套建设医养融合服务设施，为社区养老提供基本医疗服务。完善全市老年人健康档案和电子病历信息，实现医疗信息在医院、养老机构、社区等不同区域联通共享。鼓励符合条件的执业医师到养老机构、颐养服务中心执业服务。完善以家庭医生为主的签约医生健康服务机制，及时提供巡诊访视、心理疏导与应需施诊相结合的医疗服务。三是推进居家、社区、机构养老服务互动衔接，健全多样化、便利化的养老服务体系，为老年人提供多样化的养老服务选择。四是充分发挥地域资源优势，推动养老与文旅深度融合，实现田园养老、"候鸟式"养老①大众化，带动养老相关产业发展，提高老年人的幸福指数。

---

① "候鸟式"养老是指一种特殊的养老生活方式，像鸟儿一样随着气候变换选择不同的地域环境养老，就是随着季节变化，选择不同的地方旅游养老。

深化改革篇

Deepening Reform

B.17
2021年嘉峪关工业园区发展
情况分析及预测

朱万佳　唐　欣*

摘　要： 2021年，嘉峪关工业园区作为全市经济孵化、培育、集聚、发展
的重要载体，紧紧围绕"工业强市、科技兴区"发展目标，以投
资促进重点项目建设、以创新驱动高质量发展，园区经济发展呈
现稳中向好、好中提质的基本特点，但依然存在部分载能基础原
材料项目落地难、光伏用地受限、投融资平台作用发挥不够等现
实问题。本报告通过分析和比较，前瞻性地提出了加快国家高新
区创建、推进产业集群发展、提高服务保障能力等对策建议，旨
在以新发展理念为指引，全方位推进工业园区高质量转型发展。

关键词： 工业园区　招商引资　科技创新

---

* 朱万佳，嘉峪关市委政策研究室发展改革科科长、一级主任科员，主要研究方向为区域经济发
展；唐欣，甘肃嘉峪关工业园区管理委员会经济发展部科员，主要研究方向为园区经济发展。

　　嘉峪关工业园区是于2002年由省经贸委批准设立，2006年经甘肃省政府批准、国家发改委核准公告保留的省级工业园区。2018年，甘肃省政府批准嘉峪关工业园区为省级高新技术产业开发区。经过近20年的发展，嘉峪关工业园区已成为嘉峪关市地方经济发展的主阵地、科技创新的"试验田"和大众创业的新平台。

　　嘉峪关工业园区呈"一区四园"产业分布格局，近期规划面积65.07平方公里，远期规划面积268平方公里，其中，嘉东工业园定位为装备制造及高新技术产业园，嘉北工业园定位为黑色冶炼及循环经济产业园，嘉北酒钢新区铝产业园定位为有色冶金及深加工产业园，嘉西工业园定位为光伏产业园。近年来嘉峪关工业园区先后荣获"国家新型工业化产业示范基地""国家低碳工业园区""国家级循环化改造示范试点园区"等称号，在全省40个省级开发区年度考核中，连续9年获得优秀等次，综合经济实力排在全省各类经济开发区前列。2022年，嘉峪关工业园区正在积极创建国家高新技术产业开发区。

一　嘉峪关工业园区发展现状分析

（一）园区经济运行平稳提质

　　2021年，面对复杂多变的经济形势，嘉峪关工业园区紧紧聚焦全市构建的"2+6+N"产业链级群体系，采取有力举措狠抓招商引资和项目建设，全力以赴做好企业服务工作，不断做大做强优势主导产业，着力延链补链强链，园区经济实现平稳健康发展。截至2021年12月底，园区入园企业有309家，已建成企业257家，规模以上企业有52家。园区实现工业总产值628.3亿元，同比增长39.6%；完成工业增加值91.1亿元，同比增长26.5%；园区企业上缴税收17.8亿元，同比增长61.8%。[①]

---

　　① 数据来源：《2021年嘉峪关市国民经济和社会发展统计公报》；本报告数据由嘉峪关工业园区管委会汇总整理。

（二）招商引资成效显著

2021年，按照全市地企联合精准招商部署，依托酒钢集团公司、中核四○四优势企业资源，钢、铝、核优势产业资源，采取"强龙头、补链条、聚集群"招商思路，一手抓重资产实体经济招商、一手抓新业态轻资产招商，通过地企联合招商、网上招商、以商招商、上门招商、委托招商、科技招商、司法招商等精准招商方式，取得了近5年工业发展史上最好的成绩。全年外出精准招商7次、洽谈投资项目45个，参加专场签约8次、签约项目17个、签约金额260亿元。甘肃藏建300万吨胶凝材料、恒景源20万吨高精冶金材料、浙江甬金22万吨精密不锈钢板带、索通绿碳产业园、兰石重装控股嘉华等一批延链补链强链项目相继落地。

（三）高新技术产业园申创进展顺利

2021年3月13日，省政府同意嘉峪关工业园区"一核两区"产业布局，以嘉峪关高新区为核心区、酒钢工业区和中核保障区为辐射区，向国务院上报了《关于批准嘉峪关高新技术产业开发区创建国家高新技术产业开发区的请示》，省政府与科技部就园区创建进行了沟通，省科技厅将园区创建列入厅市会商重要内容，并多次向科技部、火炬中心专题汇报，各项重点任务顺利推进。2021年10月，"以升促建"规划编制专家咨询会在北京召开，两个申报规划顺利通过评审，《嘉峪关高新区总体发展规划（2021—2035年）》修编已招标完成，相关工作进展顺利。

（四）基础设施建设项目稳步推进

2021年，园区充分调动昆仑燃气、供电公司等大型企业积极参与园区基础设施建设，加快推进昆仑燃气公司天然气高压复线清洁能源利用工程、军民融合核装备产业园供电配套工程、工业园区生态基础设施建设项目、高新区基础设施配套工程等重点基础设施建设项目，计划总投资4亿元。昆仑燃气公司天然气高压复线清洁能源利用工程、军民融合核装备产业园供电配套工程、酒钢五号门道路人行道及路灯工程等已全面开工建设。

（五）循环化改造终期验收顺利通过

2018年6月，国家发改委、财政部批准了《甘肃嘉峪关工业园区循环化改造实施方案（2015—2018）修订版》。修订后的实施方案提出重点项目28项，计划总投资40.56亿元。上述重点项目已全部完成，累计完成各类投资约40.61亿元，并于2020年12月顺利通过国家发改委和财政部组织的国家终期验收，获终期验收中央补助资金4582万元。2021年，补助资金全部被按程序核拨至项目建设单位，助推循环经济发展。

（六）土地节约集约利用水平不断提升

截至2021年底，园区管辖范围内累计已批准建设用地规模58303亩，建设用地投资强度为85.1万元/亩，较上年提高1.8万元/亩，单位生产总值建设用地使用面积为0.06亩，同比降低25%。加大低效用地盘活力度，通过政府招商引资和企业自主招商等举措，以出租、出售、共同合作等方式盘活低效用地，盘活企业9家，计划总投资9.16亿元，完成固定资产投资2.6亿元。高标准完成2021年土地集约利用评价工作。通过项目现场实地踏勘，对土地、社会经济发展状况等进行基础调查，上传数据，核查图斑等方式分析评价了土地集约利用程度，测算了土地集约利用潜力，圆满完成2021年土地集约利用评价成果更新。

（七）营商环境持续优化

秉承"亲商安商富商"理念，创新理念和方法，全力打造一流营商环境。实施包抓产业组团网格化服务责任制，包抓领导和部室统筹负责包抓区域所有事务，全面提升服务精准度。严格落实重点项目代办制，设立项目服务专班，服务专班全程代办项目手续，从备案到竣工验收全程，提供"保姆式"服务。强化设施保障，完成基础设施社会购买服务外包工作，加强

园区道路、给排水管网、污水处理厂、天然气等基础设施管理维护，保障生产要素供应稳定。帮助企业做好互保共建工作，宏达建材、顺通机械等一批企业与中核相关单位建立了供需合作关系。积极推进区域评估，完成地质灾害危险性评价、水资源论证、压覆重要矿产资源调查评估等7个报告和批复工作，交投绿色产业园、正泰光储一体化发电等项目已陆续共享区域评估成果，切实减轻了企业负担，加快了项目建设进度。

二 嘉峪关工业园区发展需关注的问题

（一）部分载能基础原材料项目落地难

受"两高""双控"等政策影响，部分载能基础原材料项目落地困难，如聚鑫达计划投资13亿元建设多金属伴生矿产资源循环经济产业园、巨大公司计划投资2.2亿元建设年产10万吨铬铁合金等项目因能耗指标受限，前期工程推进缓慢。

（二）光伏用地受限

嘉峪关市重工业发达，用能相对较大，具有较强的新能源消耗能力，但总规划面积140平方公里的嘉西光伏产业园受水源保护地、公益林等限制，目前可利用土地仅28.2平方公里，光伏用地受限，计划通过与酒泉合作共建嘉酒新能源飞地光伏产业园的方式来解决这一难题。

（三）投融资平台作用发挥不够

嘉峪关市经济技术开发区发展有限公司于2013年注册成立，2017年4月开始运行，主要开展嘉东工业园区污水处理站管理运维、嘉西110千伏输变电线路运行管理等工作，承担园区物业管理、园区垃圾清运等业务，在园区基础设施维护及营商环境改善等方面发挥了一定的积极作用。该公司于2019年11月被划转至嘉峪关市城市基础设施建设投资开发（集团）有限公司。重组后，该公司无法有效发挥开发区建设发展的市场主体平台作用，无法继续承担开发区招商引资、资金筹集、项目管理、政府公共基础设施建设市场化服务、土地预储备运营等职责，使园区基础设施建设、重大产业项目建设投资、创业孵化、开展国内外贸易等缺乏支撑平台，园区建设投融资平台作用发挥明显不足。

三　嘉峪关工业园区发展对策建议

（一）加快国家高新区创建

按照"一核两区"产业布局，持续完善两个申报规划，完成《嘉峪关高新技术产业开发区总体规划（2021—2035）》修编工作。高标准建设科技规划展馆，支持酒钢集团公司和中核四〇四申报国家重点实验室和国家技术创新中心，相关重点企业申报省级研发机构。与高等院校、科研院所在产业研究院、技术转移机构等方面加强合作，加强科技孵化器、众创空间等双创平台培育建设。继续实施科技型企业倍增计划，引导企业加大研发投入，强化知识产权申报，做好技术合同登记，充分调动各部门力量，在高技术产业、瞪羚企业、获风险投资企业等缺项上有所突破。争取尽快列入科技部"以升促建"调研名单，通过现场考察。

（二）着力推进产业集群发展

按照全市"2+6+N"产业部署，结合产业基础、产业优势和发展前景，画好"现状图"和"全景图"，大力实施链长制招商行动。其中，钢铁及装备制造产业链招商引资到位资金10亿元以上，电解铝及铝制品加工产业链招商引资到位资金10亿元以上，核技术应用及装备制造产业链招商引资到位资金2亿元以上，新能源及装备制造产业链招商引资到位资金16亿元以上，循环经济产业链招商引资到位资金6亿元以上，精细化工产业链招商引资到位资金10亿元以上，现代农业产业链招商引资到位资金1亿元以上，同时持续加大

新材料、通道物流、数字经济等招商引资力度。全力打造钢、铝2条千亿级产业链集群，核技术应用、新能源、循环经济、精细化工和现代农业等5条百亿级产业链集群，培育电子信息、通道物流等N条十亿级产业链集群。

（三）全力以赴抓项目建设

项目是园区发展的生命线，要按照前期项目抓开工、新建项目抓进度、续建项目抓竣工、建成项目抓投产，将项目责任到人，倒排工期，挂图作战，全力以赴协同推进项目建设。加快推进甘肃藏建投资3亿元建设300万吨钢渣水渣超微粉项目、海中环保投资2亿元建设利用水泥窑协同处置固废项目、智理新能源投资1亿元建设35兆瓦光伏发电项目，确保上半年建成投产。重点推进索通公司投资17亿元建设年产5万吨锂离子电池负极材料石墨化炉和3万吨超高功率石墨化电极材料项目、浙江甬金投资12.2亿元建设年产22万吨精密不锈钢板带项目、大友公司投资2.3亿元建设2×33000KVA工业硅矿热炉及配套烟气余热发电项目，争取年内建成投产。加快聚鑫达多金属伴生矿产资源循环经济产业园、大友公司6万吨炭黑和60万吨冶金熔剂、广银铝业5万吨铝型材等重点项目前期建设进度，争取年内开工建设。

（四）提高园区服务保障能力

加快推进昆仑燃气公司天然气高压复线清洁能源利用工程、高新区基础设施配套工程等重点基础设施项目建设，补足设施短板。加强园区道路、供水管网、排水管网、污水处理厂、天然气等基础设施管理维护，保障水、电、气等生产要素供应稳定。落实包抓组团责任制，对重点项目领办、代办、帮办各项手续，充分调动各方面力量，为企业提供税收、科技、知识产权、金融等政策咨询和培训。按照政府引导、企业主体、市场运作、多元投入的模式，推动设立园区产业发展基金，积极引进私募基金、创投基金等风险投资基金，逐步形成"产业+基金+基地"发展模式，逐步实现园区从提供基础设施保障向提供要素性和功能性保障转变。

B.18
2021年嘉峪关市国有企业改革
情况分析及建议

安奇 任志芳 谢丰汁*

摘　要： 2021年，嘉峪关市政府国资委以实现国有资产保值增值为目标，以深化国资国企改革为主线，不断完善国资监管体制机制，大力整合优化国有资本，市属国有企业活力和竞争力不断提升，国有经济保持良好的发展势头，但依然存在国有企业发展基础比较薄弱、国有资本布局不合理、国企改革质量不高等问题。本报告建议，2022年，嘉峪关市从推进国有资产结构优化调整、构建现代化国资产业体系、健全完善中国特色现代企业制度、提高经营管理人才素质、提升国资监管能力、加强党的领导等方面继续发力，加快推动市属国有企业高质量发展。

关键词： 国有企业　国有资产　企业改革

2021年，嘉峪关市政府国资委紧紧围绕国企改革三年行动，聚焦公司治理结构、国有资本优化调整和市场化经营机制等方面，突出国企改革问题导向，强化上下联动，国有企业得到高质量发展。市属国有企业资产总额为254.44亿元，同比增长3.60%；负债总额为175.20亿元，同比增长3.47%；所有者权益（净资产）为79.24亿元，同比增长3.88%。累计实现

---

* 安奇，嘉峪关市委政策研究室科员，主要研究方向为全面深化改革；任志芳，嘉峪关市人民政府国有资产监督管理委员会产权管理科科员，主要研究方向为国企改革；谢丰汁，嘉峪关市人民政府国有资产监督管理委员会办公室主任，主要研究方向为国企党建。

营业收入 31.22 亿元，同比增长 14.40%；利润总额 0.57 亿元，同比增长
612.50%。上缴税费 1.99 亿元，同比增长 17.06%，上缴国有资本经营收益
0.31 亿元，完成收入预算的 104.86%（见表 1）。①

表 1　2020 年、2021 年市属国有企业主要经济指标统计

指标	2020 年	2021 年	
	金额（亿元）	金额（亿元）	增长率（%）
资产总额	245.60	254.44	3.60
负债总额	169.32	175.20	3.47
所有者权益（净资产）	76.28	79.24	3.88
营业收入	27.29	31.22	14.40
利润总额	0.08	0.57	612.50
上缴税费	1.70	1.99	17.06
上缴国有资本经营收益	0.36	0.31	—

资料来源：嘉峪关市人民政府国有资产监督管理委员会汇总整理。

一　国有企业改革的主要工作

（一）依法规范权责，现代企业制度进一步完善

一是制定《嘉峪关市属国有企业贯彻落实"三重一大"决策制度的
实施办法》，指导市属国有企业细化明确决策事项，制定完善党委前置研
究讨论重大经营管理事项清单，董事会、经理层决策事项清单，进一步厘
清各治理主体权责边界。二是制定印发嘉峪关市的《市属国有企业外部董
事人才库建设管理办法》《市属企业外部董事选聘和管理办法》，按照入
库条件、程序，遴选出 72 名具有较强专业优势和决策能力的人才，充实
外部董事人才库。根据任职条件和选聘程序，聘任 59 名外部董事到企业
任职，进一步健全了各司其职、各负其责、协调运转、有效制衡的国有企

---

① 本报告数据由嘉峪关市人民政府国有资产监督管理委员会汇总整理。

业法人治理结构。三是健全以公司章程为基础的内部制度体系。指导 13 家企业完成了公司章程的修订，并将党建工作写入章程，促进国企党建与改革同频共振。四是通过下企督办、沟通协调，全部完成 8 家一级企业、7 家二级企业公司制改制工作。

（二）聚焦产业发展，经济布局持续优化

一是聚焦主业发展，推动企业主业向文化旅游、数据信息等绿色生态产业集中，增强核心竞争力。文旅集团集中打造"3+2"（景区、酒店、房地产+销售、文化艺术）产业布局，文化旅游全产业链基本形成。智慧雄关公司成为以大数据、物联网项目运营、技术开发服务、推广及信息系统集成、智能化工程建设及维护等为主的科技公司。二是加快传统产业"三化"改造步伐。大友集团公司加紧推进嘉能化工、嘉镁钙业有毒气体实时视频在线监控、技术指标实时监测、物资计量在线升级改造等建设。城域热力公司对供热锅炉的环保设备进行研发技术升级改造，达到了"提效率、降成本、减排放"的效果。三是推进产业链延链补链强链。依托酒钢集团"链主"企业作用，大友集团启动回转窑建设项目为酒钢集团提供石灰熔剂，嘉能化工公司新工艺炭黑生产线成为酒钢集团危废煤焦油处置终端。四是增强自主创新能力。大友集团通过企业技术中心、工程实验室等创新平台，成功开发 PVC 高白专用钙市场，提升了宁夏药用发酵碳酸钙市场占有率；开发的铝用速溶硅合金产品，填补了甘肃省此类合金产品的生产空白；研制改性 N115 炭黑，提升了市场占有率。

（三）健全经营机制，发展活力明显增强

一是完成子企业经理层成员任期制和契约化管理实施方案。制定并下发《嘉峪关市市属国有企业推行经理层成员任期制和契约化管理实施方案》，明确了推行经理层成员的实施范围、资格条件、考核指标、薪酬标准、退出机制等重要内容。目前，35 家子企业的 59 名经理层成员已全部按照企业制定的实施方案签订了《聘任协议》和《经营业绩合同》。

二是积极推进市场化用工。明确要求企业必须坚持公开透明、公平竞争、优中选优的原则,严把"入口关",特别强调新进员工除大学生进企业、退役军人安置外,必须面向社会公开招聘,做到优中选优,2021年以来,企业新进员工96名,均实现公开招聘。敢于动真碰硬,以上率下,积极推进考核处于末等或不胜任现职退出机制落地见效,51人通过竞争上岗走上新的岗位,占管理人员的32.69%,将4名考核不胜任现职的管理人员调离工作岗位。针对部分企业干部职工存在"铁饭碗"思想等问题,全面推行绩效考核制度,分级分类核定绩效工资占比,不断激发企业干部职工工作积极性,其中,金地公司员工绩效工资的占比达到60.5%。三是积极推进混合所有制改革。制定出台《嘉峪关市属国有企业发展混合所有制经济的工作方案》,推动文旅集团、交建集团2家公司及所属子公司层面的混合所有制改革。文旅集团混改企业已完成登记注册,交建集团子公司混改工作正在稳步推进。

(四)着力转变职能,监管能力不断提升

一是健全协同高效的监督机制。坚持分类授权放权,制定出台《关于改革国有资本授权经营体制的实施方案》《嘉峪关市政府国资委出资人监管权力和责任清单》《嘉峪关市属国有企业授权放权清单》,确保该放的放权到位、该管的管住管好,实现授权与监管相结合、放活与管好相统一。指导各市属国有企业对所出资企业"一企一策"制定《授权放权清单》《权责清单》,推动构建"事前规范制度、事中跟踪监督、事后监督问责"的体制机制和工作闭环管理体系。二是全面建立责任追究工作体系和工作机制。严格执行《甘肃省省属企业投资监督管理办法》《甘肃省省属企业违规经营投资责任追究办法》,制定《嘉峪关市市属国有企业责任追究工作体系建设方案》,明确工作目标、责任追究范围和责任追究处理程序。三是改进考核评价体系。制定印发《嘉峪关市市属国有企业领导班子和领导人员年度考核办法》,通过全面评价企业经营业绩,实行差异化考核,合理确定市属国有企业领导人员年薪,进一步提高干事创业激情,使各项指标任务更科学、更

合理，更能全面反映企业改革发展成果。四是健全协同高效的监督机制。市政府国资委、市纪委监委、市委巡察办、市审计局、市财政局根据各自职责对市属国有企业进行有效监督。同时，企业内部构建起由党委领导，纪检监察、监事会、财务、审计、法务等部门组成的监督体系，形成监督合力，筑牢防止国有资产流失的坚强防线。五是强化社会监督。加强国有企业信息公开工作，印发《嘉峪关市市属国有企业信息公开办法》，指导各市属企业严格落实党务、厂务、财务"三公开"要求，促进企业规范运行，自觉接受社会监督。

（五）加强国企党建，党的引领力更加强化

一是全面加强党的领导。坚持把加强国企党建与国有资产监管、企业改革发展统筹考虑、协同推进，明确党建工作在公司治理中的法定地位，指导企业落实"第一议题"学习等制度，确保党组织把方向、管大局、保落实作用得到有效发挥。二是加强企业领导班子建设。坚持以国有企业整合重组改革为契机，指导各企业在改革方案中合理设置"三会一层"，建立市属国有企业领导人员人才库，坚持和完善"双向进入、交叉任职"领导体制，8家市管骨干企业实现党委书记、董事长"一肩挑"。三是建强基层战斗堡垒。以"三基"建设为抓手，全面提升基层党组织的战斗力、凝聚力。先后充实调整了15名基层党组织书记，建立了84人的国企党组织书记后备库。组织开展国有企业党支部"大比武"活动和党务干部培训班，提高党支部建设质量。对企业42个党支部标准化建设进行达标验收，选树省级先进党支部1个，市级先进党支部2个。四是推进党建与生产经营融合发展。在企业设立党员责任区、党员示范岗，注重把生产经营骨干培养成党员、把党员培养成生产经营骨干。以推进项目建设为立足点，指导企业大力开展"党建+工作室""党建+技术攻关"等项目，实施"培根铸魂、固本强基"工程，持续激发企业创新创造活力。五是全面落实从严治党责任。制定市政府国资委落实全面从严治党主体责任清单，严格落实"两个责任"，确保党风廉政工作与年

度重点任务同部署、同安排。加大党员干部教育管理力度，扎实开展国企突出问题专项督改行动，全力营造风清气正的政治生态。①

二 国有企业改革存在的问题

一是国有企业发展基础比较薄弱。嘉峪关市市属国有企业普遍体量小、规模小，盈利能力弱的问题没有得到根本解决。多数企业技术创新能力弱、自主知识产权少、产品技术含量低，部分平台类企业以完成政府重点投资项目为主要经营方式，缺乏核心竞争力。二是国有资本布局不合理，有待进一步优化。13家市属国有企业中，部分企业产业布局过宽过散、资源配置不够合理，有的企业经营业务存在同质化竞争现象。企业产业比较单一，主要聚集在城市服务行业，从事创新、科技、生产制造等的竞争性实体企业比较少，部分企业存在发展方向不明确、发展战略不清晰等问题。三是国企改革质量不高，仍须进一步加强。2021年底，嘉峪关市属国有企业已完成国企改革三年行动任务的80%，各项改革任务基本完成建章立制，但推行时间较短，各企业在全面落实上还有一定的差距。

三 深化国有企业改革的建议

（一）聚焦国企高质量发展，全力推进国有资产结构优化调整

推进专业化整合。助推文旅集团向文化影视、文创产业延伸，增强市场竞争力。推进供热、供水、供电、供气、城市物业、工程建设等生产性服务业专业化整合，做大城市服务业规模，合理均衡分配服务资源。推进企业内部资源整合。加大市属国有企业内部资源整合力度，通过产业培育、业务重

---

① 徐志超、赵明霞：《奋力攻坚破冰 激活"一池春水"——市政府国资委推动国有企业实现高质量发展侧记》，"嘉峪关新闻网"百家号，2021年9月16日，https：//baijiahao.baidu.com/s？id=1711028823973849128&wfr=spider&for=pc。

组、吸收合并等方式，推动资金、技术、人才等各类资源向主业集中，提高企业核心竞争力。推动国有资本高效协同合作。支持市属国有企业之间通过协议转让、合作经营等多种途径，实现协同发展。

（二）围绕"产业融合"，构建现代化国资产业体系

打造龙头企业。为大友集团增加新能源板块，做大做强精细化工、特种合金冶炼、商贸和资源再生利用产业，指导大友集团下属子公司嘉能化工公司2022年在新三板挂牌上市。加快平台公司转型升级。配合市发改委做好推进市级融资平台公司整合升级并加快市场化转型工作。推动科技引领发展。鼓励国有企业进行技术创新，加大国有资本经营预算对国有企业技术创新的支持力度，实现重点国有企业研发经费占营业收入的比重在2.5%以上。全力提升公共服务保障能力。加强市属国有企业在水、电、热、气、公共交通、养老托育等民生领域的基础保障，确保稳定可靠供应。

（三）聚焦企业发展活力，健全完善中国特色现代企业制度

加强党对国有企业的领导。坚持党的领导与公司治理有机统一，明确党委在市属国有企业决策、执行、监督各环节的权责和工作方式，切实发挥好党委把方向、管大局、促落实的领导作用。加强董事会规范化建设。持续优化董事会结构，组建外部董事占多数，内外部董事合理搭配、规模适中、专业互补的董事会。保障经理层依法行权履职。建立董事会向经理层授权管理制度，依法明确董事会对经理层的行权原则、管理机制、事项范围、权限条件等主要内容，发挥经理层谋经营、抓落实、强管理的职能作用。加快健全市场化经营机制。全面推行经理层成员任期制和契约化管理，加快建立市场化用工制度，全面推行管理人员竞聘上岗、末等调整、不胜任退出制度。

（四）聚焦企业经营人员队伍建设，提高经营管理人才素质

加快推进职业经理人制度改革。加快推行职业经理人制度和健全退出机制，真正实现能进能出、能上能下。加强企业人才队伍建设。针对"高精

尖缺"人才,制订市属国有企业人才招聘计划,"一企一策"制订人才培育计划,注重优秀青年骨干人才培养。完善人才考核评价机制。对经营管理人才、专业技术人才、高技能人才分类制定考核办法,建立健全以考核评价为基础,与岗位责任、风险和工作业绩相挂钩,短期激励与中长期激励相结合的薪酬激励机制。

(五)聚焦国资监管体系建设,全面提升国资监管能力

构建监管全覆盖工作体系。健全"直接监管+委托监管+指导监管"三者改革发展协同机制,形成以管资本为主的国资监管体制。加强与市委市政府各部门协调。提升监管科学化水平。依法依规建立完善权力和责任清单,实行清单化管理。减少审批事项,打造事前制度规范、事中跟踪监控、事后监督问责的完整工作链条。健全完善业绩考核机制。将产业布局调整、产业协同发展、服务重大战略、创新发展、重大资本运作等内容纳入企业年度经营业绩考核,加大对考核指标数据、薪酬执行、国有企业在岗职工平均工资审查力度。形成监管闭环。建立健全全面预算管理、资金集中管理、风险预警管理、内控建设管理、信息化管理"五位一体"管控体系,在监督计划制定、监督任务执行、问题整改落实等全过程实现优势互补,形成监督合力。

(六)聚焦全面加强党的领导,夯实高质量发展政治基础

提高政治站位,抓好理论武装。严格落实"第一议题"制度,充分彰显党的政治和思想建设优势,培育造就一支高素质专业化企业领导人员队伍。加强国有企业党的政治建设。持续推进"党建入章",规范落实党组织前置研究讨论重大事项,推进党的领导融入公司治理各个环节,发挥党组织把方向、管大局、促落实的领导作用。坚守意识形态主阵地。充分利用国资国企宣传阵地和外部新闻媒体,积极做好主题宣传、形势宣传、政策宣传、成效宣传、典型宣传,讲好国资国企故事,塑造新时代国资国企良好形象。推进党建工作与生产经营相融合。开展党建融入生产经营发挥作用典型创建

活动，以高质量党建工作推动企业各项生产经营任务落实，以企业改革发展成果检验党组织工作成效。深入推进党风廉政建设。持续推进全面从严管党治党，压实党委主体责任，加强法制教育、纪律教育、警示教育，创新廉政教育路径，打造国资国企特色廉洁文化品牌，营造风清气正的企业廉政生态。

B.19
2021年嘉峪关市大数据产业
发展情况及建议

杨殿锋　胡 杰*

摘　要： 2021年，嘉峪关市积极推进大数据平台对接管理工作及政务信息数据共享、城市大脑项目和数字政府建设，数字信息技术与经济社会发展深度融合，数字化在产业发展、城市管理等领域取得了显著成效。本报告建议，2022年，在全省"强科技"行动引领下，嘉峪关市从建设高速稳定的网络体系、培育信息产业增长点、夯实工业互联网基础设施、推动制造业数字化转型等方面多措并举，为全面加快智慧城市和数字政府建设提供强大助力。

关键词： 大数据　信息产业　数字化转型

一　2021年大数据产业发展成效

（一）加快5G网络建设及应用

2021年，嘉峪关市已形成基础设施完善、覆盖全面、制式交叉的信息网络，强化网络与应用的协调发展。截至2021年底，全市新建改建5G基站120个，累计完成530个基站建设，实现主城区、南市区、酒钢冶金厂

---

* 杨殿锋，嘉峪关市委政策研究室主任，主要研究方向为马克思主义基本原理；胡杰，嘉峪关市工业和信息化局信息产业科科员，主要研究方向为工业、信息产业、大数据。

区 5G 网络连续覆盖，雄关广场、关城、各社区服务中心等 58 个重点公共区域免费 Wi-Fi 覆盖。西沟矿"5G+智慧矿山"荣获工信部第三届"绽放杯"5G 应用征集大赛一等奖；市妇幼保健计划生育服务中心成功举办了首例 5G+VR 远程手术指导观摩会；中国银行嘉峪关分行实现了 5G+机房远程维护等应用；祁牧乳业建成 5G+智慧牧场，实现了草场、挤奶车间、生产车间、包装车间的全视角监控。①

（二）强化"数字城市"规划引领

为加快推进"数字城市"建设工作，嘉峪关市先后印发了《嘉峪关市新型智慧城市建设项目顶层设计方案》《嘉峪关市新型智慧城市建设项目初步实施方案》《嘉峪关市大数据产业发展规划（2019—2021 年）》《嘉峪关市数字经济"十四五"发展规划》《嘉峪关市公众通信 5G 基站站址规划（2020—2035 年）》等纲领性文件，为全市数字经济发展提供了规划方案和制度依据。

（三）强化信息化项目管理

依据《嘉峪关市财政投资信息化项目管理实施细则》，从项目评审、立项、招标、审核、验收等各项环节进行细化，做到项目审批流程清晰，实现了信息化项目全流程管理服务。2021 年全市各单位实际实施信息化项目 51 个，项目计划总投资 5.82 亿元。其中，财政投资信息化项目 26 个，计划投资 2.93 亿元；企业投资信息化项目 25 个，计划投资 2.89 亿元。全市信息化项目完成投资 3.63 亿元。

（四）加强数据信息资源管理

开展全市数据系统迁移、部署工作，制定并印发《嘉峪关市政务数据信息系统迁移部署流程》《嘉峪关市政务数据资源共享交换使用流程》，为

---

① 本报告数据由嘉峪关市工业和信息化局汇总整理。

全市政务应用提供云平台资源,完成全市 20 家单位的 28 个业务系统迁移、部署入驻市大数据中心。完成数据共享交换平台建设,建成人口库、法人库、宏观经济库、地理信息库、应急资源库等数据库,对接全市 54 个部门 478 个资源目录信息,汇集数据库数据 132.76 万条、文件数据 547 条、API 接口 14 个。完成电子证照目录库、电子证照库基础数据库建设,与省级电子证照库完成对接,共归集历史数据 47323 条,有效数据 27138 条。

(五)社会治理精细化水平全面提升

在"平安城市"七期工程基础上完成"雪亮工程"建设,整合全市一、二、三类视频 6500 多路,全市 462 个网格实现"一张网"运行。12345 民生服务热线服务能力逐年提升,实现与 110、119、122,以及全市 100 多家企事业单位和 47 个城乡社区联动。建成车辆北斗/GPS 监督管理平台,实现客运、货运车辆安全的监控与调度;建成甘肃省首个水资源信息化管理系统,实现全市水源地水量、水质等数据的远程无线采集;建成自然资源电子政务系统、市不动产登记信息管理系统,实现市自然资源数据和不动产信息全方位共享。

(六)开展社区数字化平台建设

引导支持电信公司在南湖社区开展"智慧社区"试点项目建设,有效提升了基层社会治理智能化和智慧化水平。支持联通公司与文殊镇、新城镇、峪泉镇联合建设嘉峪关市"数字乡镇"平台,实现了镇、村、组三级架构互通,纳入三镇村组三级架构 5596 人,创建群组 140 余个。该平台是全省首个"数字乡镇"本地定制化平台,并入选为农业农村部数字农业农村新技术新产品新模式优秀案例。

(七)数据产业转型进程换挡提速

制定了《嘉峪关市贯彻落实甘肃省深化新一代信息技术与制造业融合

发展的若干措施工作方案》，加快推进传统产业与数字化技术融合发展。该方案涉及新一代信息技术与制造业融合发展"十四五"规划重点项目共66个，总投资为20.5亿元，目前已完成投资6650万元。以酒钢集团公司、大友、索通等为代表的企业，技术进步和创新能力逐年提升，云计算、大数据、物联网在各领域应用逐步深入。酒钢集团公司5G+机器视觉质检平台、ERP系统平台升级及云化创新应用和大友公司三化改造等项目建设在数字化、智能化制造实践等方面成果显著。酒钢集团公司私有云平台为32家单位的各类应用系统提供了323台虚拟机资源，酒钢7号高炉被认定为省级第一批数字化车间，酒钢集团公司、索通公司被工业和信息化部评为国家"两化融合管理体系贯标试点企业"。

（八）推进工业互联网进程

邀请互联网领域相关专家，组织召开5G+工业互联网培训会议，并结合嘉峪关市工业特点，对嘉峪关建设工业互联网趋势进行了研判和分析。西部重工新丝路工业互联网平台等项目建成，实现互联网资源聚集内外部设计及制造资源进行联合创新。酒钢集团公司工业互联网新技术、新应用改造提升传统产业，聚焦主导产业，建成3D打印绿色智能铸造工厂。通过智能装备、智能控制升级，应用物联网、大数据、人工智能、5G、虚拟现实等技术，实现制造过程数字化、柔性化、智能化。

（九）加强人才队伍建设

引导雄关科技公司、酒钢集团信息自动化分公司等企业加大人才培训力度，提升员工的岗位技能，打造符合岗位要求的高素质队伍。通过支持未就业普通高校毕业生到基层就业项目、校园招聘、社会招聘、人才引进等多种形式增加技术人才储备。酒钢集团碳钢薄板厂成立信息化部，引进数字应用人才3名，雄关科技公司引进数字应用人才6名，为建设全市信息产业提供智力支撑。

二 大数据产业发展的瓶颈问题

（一）数字经济基础较薄弱

嘉峪关市电子信息产业规模总体偏小（全市包括运营商在内共计电子信息企业 22 家，2021 年完成营业收入 5.59 亿元），以互联网、大数据、人工智能为代表的新一代信息技术产业处于起步阶段。部分企业体量较小，数字化投入资金不足，数字化发展缺乏动能。传统产业和数字技术融合程度不深，数字赋能的作用发挥有限。

（二）信息产业人才匮乏

发展数字经济、建设数字政府对人才的依存度较高，全市人才培养供给与数字经济发展需求不匹配，互联网、云计算、大数据、人工智能等技能型人才缺口较大，兼具技术与业务、理论与实践的复合型人才资源更为匮乏，人才问题已成为制约数字化深化应用、发展数字经济的关键因素。

（三）信息基础设施改造仍需加强

全市老旧小区的通信线缆整治、"三难两高"问题仍然突出，通信运营商对老旧小区通信设施整治投入的资金、人员不足，造成老旧小区通信设施整治问题进展缓慢，影响了 5G 网络建设进度。物联网感知设备构成及功能单一，可实现数据预处理和智能控制的高端设备较少；物联设备管理分散，尚未形成全市统一的物联网管理平台。

三 加快大数据产业发展的对策建议

（一）建设高速稳定的网络体系

以高标准、高起点、集约化为原则，不断提升和完善嘉峪关市的网络基础设施。拓展 5G 网络在工业互联网、物联网等重点领域的应用推广，强化网络与应用的协调发展，加强"全光网城市"光纤接入设施和系统的维护以及升级改造。

（二）培育信息产业增长点

在全省"强科技"行动[1]引领下，围绕工业互联网标识解析技术、云计算技术、人工智能、物联网、5G 通信等专业技术应用，支持企业深化与国内数据信息领域大企业合作，推动区块链、电子商务、数字金融、高端软件等前沿技术落地实施。

（三）夯实工业互联网基础设施

结合全市区域特色和产业优势，制订工业互联网与制造业融合发展计划，明确发展方向、目标和路径，加强全市工业互联网基础设施建设规划与布局。支持酒钢集团等龙头企业核心业务系统云化改造，带动产业链上下游中小企业业务系统云端迁移。支持酒钢集团建设工业互联网钢铁行业数据中心，率先探索工业互联网数据权属确定、价值评估、资源交换、效益共享等机制。

（四）推动制造业数字化转型

围绕"冶金—循环经济—装备制造""光伏发电—电解铝—铝制品"两条千亿级产业链，支持酒钢集团等重点企业开展智能工厂、数字化车间建设。重点围绕提升劳动生产率、降低作业强度、尽量杜绝危险区域作业等方面，加大 5G、机器人、人工智能、机器视觉、设备状态在线监测、工业数据分析等数字化技术应用力度。

---

[1] 《新闻发布会 | 权威解读！〈甘肃省强科技行动实施方案（2022—2025 年）〉》，《人民日报》客户端甘肃发布，2022 年 4 月 22 日。

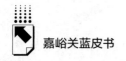
（五）提升社区精细化治理能力

以南湖"智慧社区"①为试点，逐步开展全市"智慧社区"建设；持续优化"数字乡镇"平台，搭建市级数字乡村统管平台。建立三级纵向治理架构，形成市级统筹协调、街道郊区及职能部门组织实施、社区镇村强基固本的市域社会治理链条。采取网格信息化服务管理手段，整合党建、综治、城管等网格力量，打造功能完善的网格服务体系。

（六）加大信息化人才引进力度

探索建立嘉峪关籍信息化人才专家库，搭建市级信息化人才信息平台，制定人才回流政策，引导人才回"嘉"。支持鼓励骨干企业与高等学校、科研院所开展战略合作，建立人才实训基地、创新实践基地和科研工作站，加强融合发展领域的实践教学与应用，培养产业急需的数字应用人才。

---

① 王喜富、陈肖然：《智慧社区——物联网时代的未来家园》，电子工业出版社，2015。

B.20
2021年嘉峪关市科技创新情况及建议

宋振祖 冉海燕*

摘　要： 2021年以来，嘉峪关市深入实施创新驱动发展战略，健全完善创新政策体系，持续深化区域创新合作，加快培育科技创新主体，科技创新环境得到持续优化。本报告建议，2022年，嘉峪关市立足"三地两点"功能定位，坚定不移实施创新驱动发展战略，通过深化科技体制改革、优化科技发展布局、统筹优势创新资源、广泛汇聚创新合力等一系列"组合拳"，为打造省域副中心、建设西部明星城提供有力科技支撑。

关键词： 创新驱动　强科技　科技创新

一　2021年科技创新情况

2021年，嘉峪关市全社会科学研究与试验发展（R&D）经费支出8.84亿元，占GDP的比重为2.71%，居甘肃省第一位。全市综合科技进步水平指数达到52.48%，居甘肃省第二梯队、第五位，较上年提高9.76个百分点，增幅居全省第一位（见图1）；登记技术交易合同93份，成交金额达到9.92亿元，较上年增长35%，完成甘肃省科技厅下达全年目标任务的119%；登记省级科技成果1项、市级科技成果11项；荣获2021年度"甘

---

* 宋振祖，嘉峪关市委政策研究室副主任、市委财经办副主任，主要研究方向为政治经济学；冉海燕，嘉峪关市科学技术局情报研究所负责人，主要研究方向为科技统计、情报研究、科技创新。

肃省科技功臣奖"1项、"甘肃省科学技术进步奖"3项、"甘肃省专利奖"3项。①

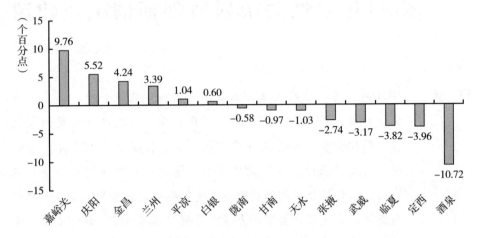

图1 甘肃省各市州综合科技进步水平指数提高百分点排序

资料来源：嘉峪关市科学技术局汇总整理后绘制。

（一）完善科技创新政策体系

在科技创新环境方面，出台了《嘉峪关市人民政府关于进一步优化创新环境强化科技引领的意见》，对《嘉峪关市推动科技创新促进科技成果转化若干措施》进行修订。在计划项目管理方面，制定了《嘉峪关市科技揭榜挂帅制项目管理办法（试行）》《嘉峪关市科技计划自筹经费项目管理办法》，修订了《嘉峪关市科技计划项目管理办法》。在成果管理方面，印发了《嘉峪关市科技成果登记办法》。在科技人才方面，印发了《嘉峪关市科技特派员考核管理办法》。在规划方面，《嘉峪关市"十四五"科技创新规划》通过专家评审论证，已报送市发改委。

---

① 本报告数据由嘉峪关市科学技术局汇总整理。

（二）科学谋划科技计划项目

围绕"三新一高"要求，嘉峪关市争取到省级科技项目5项，获省级科技资金支持1310万元。征集市级科技项目160项，立项44项，其中重大专项3项，下达市级科技项目经费691万元（含揭榜挂帅项目）。实施揭榜挂帅立项机制，从技术攻关类、成果转化类两个方向征集需求，确定揭榜挂帅制榜单，公布项目4项，立项2项，投入科技财政资金80万元。征集全额自筹经费（B类）项目37项，经专家评审立项25项。强化科技项目监管，对实施到期的31个项目进行结题验收（见表1）。

表1 2021年各类计划项目数据

类别		项目数量（项）	支持经费（万元）
争取省级科技项目		5	1310
重大专项	揭榜挂帅	2	80
	创新联合体	1	50
重点研发		36	498
技术创新引导计划	中小企业技术创新基金	2	25
	软科学专项	1	8
	民生科技计划专项计划	1	10
科技管理		1	20
财政资金项目合计		44	691
全额自筹经费项目合计		25	0

资料来源：嘉峪关市科学技术局汇总整理。

（三）持续深化区域创新合作

建立"厅市会商、地企联动、市校合作、军民融合、区域协同"的科技创新机制，市政府与省农科院、兰州理工大学分别签订科技合作框架协议。酒钢集团公司牵头组建的"甘肃省钢铁新材料研发及产业化应用创新联合体"正式启动运行，"低品位难处理铁矿资源综合利用实验室"国家

重点实验室已推荐上报省科技厅，"甘肃省冶金技术重点实验室"通过省科技厅验收。

（四）建设高质量创新创业平台

2021年3月，嘉峪关申报国家高新区已上报国务院并批转科技部。2012年12月，高新区科技孵化器通过省级科技企业孵化器认定。举办第十届中国创新创业大赛（甘肃赛区）赛前培训班，31家企业报名参赛，11家进入复赛，1家获省赛三等奖并晋级国赛。启动创新平台入库工作，3家企业入库培育市级技术创新中心。9家市级创新创业平台赴省外开展科技成果转移转化学习考察活动。全市共建成各类创新平台44个，其中，国家级2个、省级34个、市级9个，在中核四〇四建成院士工作站1个。

（五）着力培育科技创新主体

坚持"广入库、精培育、严出库"的原则，对符合政策支持的企业申报自主知识产权，指导开展科技型企业培育认定工作。99家企业通过科技部火炬中心科技型中小企业入库评价。推荐19家企业申报高新技术企业。16家通过认定（新增8家，复审8家），全市高新技术企业累计达到33家。推荐35家企业申报省级科技创新型企业。15家通过认定，全市省级创新型企业累计达到41家。

（六）不断优化科技创新环境

强化科技领导小组会议暨市科技安全工作协调机制，对科技奖补、科技安全等重大事项进行研究、协调、部署。省科技厅、市政府分别兑现科技奖补资金305万元、304.54万元，在科技奖补中首次实行"不来即享"兑现机制。落实守信联合激励失信联合惩戒措施，对存在"三重大一不良"（重大安全事故、重大质量事故、严重环境违法行为和不良信用记录）问题的企业和个人，一律取消科技奖补资格。2021年，受惩戒企业2家，被取消科技奖补资金9.59万元。举行"科技活动周""科技工作者日"等科技宣传活动，举办科技成果转化等培训班 11 期次，培训科技人员 550 余人次。在市电视台开设科普专栏，全年制作播发"科技风向标"12 期，在《嘉峪关日报》全年刊发科技政策等信息 39 期。

二 科技创新存在的不足

（一）高新技术产业水平低

高新技术企业数量少。2021 年，全省高新技术企业数量超过 1100 家，嘉峪关市仅有 33 家。高新技术产业化水平低。产业化指数为 15.8%，居全省第 13 位。高技术产业缺失。嘉峪关市是全省唯一的高技术产业统计数据为 0 的地级市。

（二）科技创新基础薄弱

企业技术创新体系不健全，科研院所和企业科研机构少，部分规上企业无研发机构和平台；科技人才短缺，个别企业无专职研发人员，科技研发项目和能力严重不足，94 家规上企业中有研发活动的仅 16 家。

（三）科技服务业发展滞后

科技服务业市场化发展水平不高，入驻科技公共服务平台的科技服务机构数量偏少，缺少第三方服务机构入驻，不能满足科技创新发展现实需求，缺乏有实力的国家级科技企业孵化器和众创空间。

（四）科技创新投入不均衡

全社会科技研发经费投入主要集中在酒钢集团公司等龙头企业，市属中小企业研发投入偏少，个别通过认定的高新技术企业后续研发投入严重不足。

三　加快科技创新的建议

2022 年，嘉峪关市坚持以习近平新时代中国特色社会主义思想为指引，坚持稳中求进工作总基调，完整、准确、全面贯彻新发展理念，在全省"强科技"行动的引领下，立足全市"三地两点"功能定位，坚定不移地实施创新驱动发展战略，全面激发各类创新主体的积极性，推动全市科技创新综合实力不断迈上新台阶。基于上述内容，本报告建议嘉峪关市主要做好以下几方面工作。

（一）深化科技体制改革，激发创新创造活力

对标中央、全省科技体制改革要求，落实科研项目资金管理改革举措，完善科研项目经费拨付机制，加大科研人员政策性激励力度。充分发挥政府财政资金引导和杠杆作用，激发企业投入潜能，撬动金融资本、民间资本和社会资本，投入科技创新。印发并实施《嘉峪关市科技揭榜挂帅制项目管理办法（试行）》，探索完善"揭榜挂帅"项目管理机制，逐步解决重大技术攻关难题。探索实行网上申报、定期受理、分批下达的组织方式，优化科技项目网络化、信息化管理，抓好项目验收和绩效评价工作，提高科技资金使用效率。建立科技统计联席会议机制，加强科技统计协调配合，推动科技统计工作逐步向科学、协同、规范方向迈进。

（二）优化科技发展布局，提升项目创新效能

围绕高质量发展需求和"十四五"目标任务，科学制定科技项目申报指南，盯紧实施"十四五"科技创新规划。加大重点领域和关键环节科技攻关力度，落实人才服务保障政策，助推产业转型升级。集聚"政产学研用"资源，围绕冶金产业"三化"改造升级和"2+6+N"产业链，全力争取省级以上科技项目和资金，组织实施市级科技重大专项和"揭榜挂帅"项目，助推传统产业转型升级、高技术产业有所突破、新兴产业加快发展。

围绕增进民生福祉，在乡村振兴、卫生健康、公共安全等领域组织实施重大关键技术攻关，不断提升科技惠民效能。

（三）统筹优势创新资源，构建协同高效平台

坚持"发展高科技、实现产业化"① 方向，着力推动国家级高新技术产业开发区创建工作，增强科技创新发展辐射带动功能，打造区域科技创新示范引领高地。着眼于补短板、强弱项，大力培育科技企业孵化器、众创空间等创新创业孵化平台，夯实创新发展后劲。跟进落实"厅市会商"阶段性任务，协同推进创新联合体运行、全省"科技活动周"等重大会商事项。加强地企联动，重点推进酒钢集团公司"低品位难处理铁矿资源综合利用实验室"创建国家重点实验室，以及新型研发机构和冶金装备产业技术创新战略联盟创建工作。

（四）广泛汇聚创新合力，强化企业主体地位

深入推进科技型企业"梯次培育"计划，修订完善《嘉峪关市科技型企业认定管理办法（试行）》《嘉峪关市科技企业孵化器认定和管理办法（试行）》《嘉峪关市众创空间认定管理办法（试行）》，优化培育管理流程，遴选出一批有条件的企业，对其持续开展梯次培育、入库评价、推荐认定等工作。规范高新技术企业、科技型中小企业管理和质量把控，发展壮大高新技术企业和科技型企业集群。强化市校创新能力开放合作，扩大市级科技计划项目对外开放，鼓励企业与省内外高校和科研院所在技术、人才、资金等方面进行深度合作。兑现落实省市支持科技创新政策，引导鼓励企业加大研发投入力度，增强自主创新能力。

（五）全面提升服务水平，促进科技成果转移转化

加强与甘肃省生产力促进中心等第三方机构深化合作，支持引导更多的

---

① 1991年4月23日，邓小平为国家科委召开的"863"计划工作会议和高新技术产业开发区工作会议题词："发展高科技，实现产业化。"

省市级科技公共服务机构入驻市级科技公共服务平台。充分发挥省级技术转移示范机构作用，大力推进技术合同认定登记工作，提升知识产权服务水平。促进企业与高校、科研院所科技成果对接，引进并开展创新方法、技术经纪人培训，持续开展科技型企业培育、技术合同认定登记以及税收减免等培训。高质量筛选、推荐申报省级科学技术奖项，提升省级科技奖项的数量和等级，深入落实科技成果评价制度，持续开展推荐市级、省级科技成果登记工作。大力弘扬科学家精神，加强科研诚信建设，在全社会营造良好的崇尚科学、创新创造氛围。

（六）牢固树立人才资源理念，加强人才队伍建设

坚持引才、育才、用才、留才并重，推进人才制度改革，健全以创新能力、质量、效益、贡献为导向的人才评价体系。坚持以用为本，实施"柔性引才"，吸引高层次人才参与全市科技创新和经济发展。依托科技项目和创新平台，大力培育本土人才，培养一批创新团队、领军人才、学科带头人和中青年骨干。依托现有院士工作站、博士后工作站，加快培育专业技能人才，推动"人才链"和"产业链"融合发展。加强科技特派员队伍建设，培养一线适用人才，推动农村、企业、社区科技进步。

B.21
2021年嘉峪关市招商引资情况
分析与预测

李燕生　张雪斌*

摘　要： 招商引资是塑造现代产业体系、推进高质量发展的基础性工程。
2021年嘉峪关市招商引资工作虽然取得了一定的成效，但是也
存在一些困难和短板。基于此，本报告建议嘉峪关市依托产业、
区位、政策等优势，创新招商引资措施办法，加大地企联合招
商、产业链招商力度，全面提升招商引资质效，为其经济社会
高质量发展提供有力支撑。

关键词： 招商引资　实体经济　营商环境

一　招商引资工作基本情况

（一）主要目标任务完成情况

2021年嘉峪关市签约招商引资项目10项，签约金额70.3亿元，签约到位资
金37.5亿元，资金到位率为53.34%；已开工项目8项，开工率达100%；纳入
全省统计的招商引资实施项目18项，累计到位资金62亿元（见表1）。①

---

*　李燕生，嘉峪关市党史和市志研究院业务科二级主任科员，主要研究方向为全面深化改革；
　　张雪斌，嘉峪关市招商引资服务中心副县级干部，主要研究方向为招商引资政策和制度机
　　制改革。
①　本报告数据由嘉峪关市招商引资服务中心汇总整理。

表 1　嘉峪关市 2018~2021 年招商引资项目统计

年度	签约招商引资项目数(个)	签约金额(亿元)	累计到位资金(纳入全省统计)(亿元)
2018	6	38.4	7
2019	20	38.2	12.77
2020	13	49.9	48.7
2021	10	70.3	62

资料来源：嘉峪关市招商引资服务中心汇总整理。

(二)2021年重大节会签约项目情况

1. 江浙招商考察活动签约项目3项,签约金额6.6亿元

签约项目分别是太阳能光伏支架技术研发制造及服务项目、年处理150万吨钢渣加工及综合利用项目、年产20万吨高精冶金材料加工项目。截至2021年11月底,总体到位资金2.4亿元。

2. 第二十七届兰洽会签约项目3项,签约金额31.58亿元

签约项目分别是国家核基地生活保障区项目、60万吨石英砂生产线项目、中国西部现代物流港项目。截至2021年11月底,项目已全部开工建设,总体到位资金16.56亿元,开工率达100%,资金到位率达52.44%。

3. 非节会展会签约项目2项,签约金额27.16亿元

签约项目分别是利用固体废弃物生产水泥地面透水砖项目、铝材精深加工箔材项目。截至2021年11月底,项目已全部开工建设,总体到位资金18.53亿元,开工率达100%,资金到位率达68.23%。

(三)创新措施办法

1. 着力完善工作体制机制

嘉峪关市确定了招商引资机构设置、人员编制,明确了职能职责;强化了市招商引资工作领导小组统一领导、统筹协调的作用;修订了《嘉峪关市加大招商引资促进产业发展扶持办法》,修改完善了嘉峪关市招商引资宣传片和《嘉峪关 2021 年招商引资项目册》。

2. 创新推进地企联合招商

市委、市政府与酒钢集团公司、中核四〇四成立地企联合招商组，先后赴西安、天津、杭州、南京、重庆、北京等地招商，力促中国一重集团有限公司、浙江甬金金属科技股份有限公司、江苏立鼎新型建材科技有限公司、浙江恒景源铝业有限公司和天津和鸣环资有限公司等企业与酒钢集团公司、中核四〇四、市属国有企业就产业项目、发展领域进行洽谈商讨，为后期合作奠定了坚实的基础。2021 年，嘉峪关市通过"走出去"与"请进来"的方式签订意向性战略框架合作协议 26 项。

3. 积极搭建项目合作平台

2021 年，嘉峪关市网络招商推介会暨项目签约仪式成功举办，签约项目 27 项，签约金额 36.99 亿元；参加第五届中阿博览会，推选嘉峪关市 3 家企业 19 个产品在线上 2D 云商城进行展览展示；参加第十八届西博会，在中欧地理标志产品合作（成都）大会上，对嘉峪关市市情、旅游资源和紫轩系列葡萄酒进行宣传推介，并借会赴天津拾起卖科技有限公司、重庆金科实业（集团）有限公司、重庆宏聚能源投资有限公司、重庆长安汽车股份有限公司进行招商考察，并形成合作意向。

4. 务实推进签约项目落地

一是完成投资额较大的落地项目 6 个，累计到位资金 36.39 亿元。项目分别是太阳能光伏支架技术研发制造及服务项目、年处理 150 万吨钢渣加工及综合利用项目、年产 20 万吨高精冶金材料加工项目、国家核基地生活保障区项目、中国西部现代物流港项目、铝材精深加工箔材项目。二是正在洽谈的项目 5 个，拟投资总额达 20.8 亿元。项目分别是拟投资 12.8 亿元的浙江甬金光亮不锈钢项目、拟投资 0.5 亿元的中国一重装备制造中心项目、拟投资 6 亿元的嘉峪关海联超五星级酒店项目、拟投资 1 亿元的总部结算中心项目、拟投资 0.5 亿元的嘉峪关西域宏聚物流园项目。

5. 优化招商引资统计工作

一是成立招商引资统计工作领导小组。成立以分管统计和招商工作的副

市长为组长，招商、统计、工信、文旅、园区等部门负责同志为成员的招商引资统计工作领导小组，与省经济合作中心进行精准对接，积极协调运用嘉峪关市招商引资高质量样板数据。全年共赴省与省经济合作中心面对面对接5次，确保招商引资考核成效走在全省前列。二是积极主动与各行业主管部门对接项目进展情况，将项目进展情况进行汇总整理并准确录入"甘肃省招商引资综合管理系统"，做到应统尽统，使项目落地有监督、入库有依据、资金到位有凭证，力争招商引资项目投资数据全面报统。

6. 建立招商引资项目储备库

为加大精准招商力度，嘉峪关市建立了招商引资项目储备库，储备项目38项，拟投资总额达594.41亿元。其中，"钢铁及装备制造产业链""电解铝及铝制品加工产业链"项目10个，"核技术应用及装备制造"产业链项目6个，"新能源及装备制造"产业链项目20个，"文旅融合创新"产业链项目2个。

7. 扎实推进营商环境建设

一是全面梳理各项优惠政策。对近年来国家相关政策及省市制定出台的《甘肃省人民政府关于进一步加强招商引资促进外资增长若干措施的通知》《甘肃省招商引资项目省级奖励办法》《甘肃省关于大力支持省级重大招商引资项目的若干措施》《甘肃省人民政府关于加大招商引资力度推动高质量发展的意见》《嘉峪关市非公有制经济奖励办法》等一系列扶持政策进行认真系统地梳理，健全完善嘉峪关市招商引资政策体系，提升嘉峪关市招商引资政策竞争力。二是根据《嘉峪关市贯彻落实〈全面优化营商环境的若干措施〉的实施方案》，落实项目对口部门全程帮办、代办，协调解决项目前期手续和交通、通信、水、电等基础设施问题，最大限度地用好告知承诺制、容缺受理制等措施。切实缩短审批时间，保障项目顺利建设投产。三是切实落实优惠政策。根据嘉峪关市招商引资优惠政策，积极推进招商引资奖励政策的兑现工作。

（四）存在的困难

一年来，嘉峪关市招商引资工作虽然取得了一定的成效，但是也存在一些困难和短板。一是招商引资的大项目、好项目储备量偏少，缺少一批体量大、质量高、带动力强的好项目。二是招商重点不聚焦，主攻方向不明确。三是招商方式落后，多元化招商进程缓慢，推进形成"市场化运作、企业为主体、政府积极推动"招商引资格局的工作仍任重道远。四是环境亟须优化提升，区域投资新高地建设力度还有待加大。五是"项目为王、招商为大"的理念没有建立起来，全员招商的整体合力没有完全形成。六是招商引资的体制机制还不健全。七是招商引资队伍力量薄弱。

二　招商引资工作态势分析

（一）嘉峪关市招商引资的优势

一是政策优势。随着国家西部大开发的深入和"一带一路"建设的实施，嘉峪关市招商引资工作政策叠加优势明显。省委、省政府相继出台了《甘肃省关于大力支持省级重大招商引资项目的若干措施》《甘肃省人民政府关于进一步加强招商引资促进外资增长若干措施的通知》《甘肃省招商引资项目省级奖励办法》等文件。嘉峪关市委、市政府也相继出台了《嘉峪关市加大招商引资促进产业发展扶持办法》《嘉峪关市非公有制经济奖励办法》《嘉峪关市实体经济奖励办法（试行）》等若干措施。梳理这些政策并运用好它们，有利于提高省外企业落户嘉峪关市的积极性。

二是产业发展优势。嘉峪关市是我国西北地区重要的老工业基地，经过近60年的建设发展，已成为西北最大的钢铁工业生产基地，具备千万吨优质钢铁、百万千瓦级光伏发电、百万吨铝制品深加工能力，形成了以冶金工业为主体，新能源、装备制造、电力、化工、新型建材、食品酿造为骨干的现代工业体系。地处嘉峪关境内的酒钢集团公司是西北地区建设最早、规模最大、黑色与有色并举、多元化发展的钢铁企业集团，居中国企业500强第209位。嘉峪关经济技术开发区是"国家新型工业化产业示范基地""国家低碳工业园区"。近年来，嘉峪关市相继实施了一批带动

力强的新兴产业项目，钢铁冶金、有色金属、化工建材、装备制造、新能源产业齐头并进，铝制品深加工、新能源及装备制造、循环经济等补链强链项目持续发力，产业完整度持续提高。嘉西光伏产业园被列为全省百万千瓦级光伏发电基地之一。石油、天然气、电力等六大能源网穿境而过。周边地区大中企业聚集，技术力量雄厚。嘉峪关市成为甘肃西部生产要素最富集、最活跃的地区。

三是区位优势明显，交通条件优越。嘉峪关市位于甘肃省河西走廊中部，东接酒泉市肃州区，距省会兰州市 760 公里；西连石油城玉门市，到新疆哈密市 600 公里；南与张掖市肃南裕固族自治县接壤；北与酒泉市金塔县相邻。地处甘、新、青、蒙四省区结合部，古丝绸之路的交通要冲，是新亚欧大陆桥上的中转重镇，我国内地通往新疆和中亚的交通枢纽。其境内公路、铁路、航空运输呈立体交通格局，连霍高速、国道 312 线纵贯全境，嘉峪关火车站是河西走廊最大的铁路枢纽编组站，嘉峪关南站是兰新高铁重要交通节点之一，每天始发、通过动车 25 列左右；嘉峪关机场已开通北京、上海、西安、广州、成都、兰州、敦煌、杭州、乌鲁木齐等城市航线。嘉峪关机场航空口岸被列入国家口岸发展规划，对外开放水平进一步提升。2020 年旅客吞吐量超过 55.47 万人次，深层次、全方位的合作交流和经贸往来不断加强。

（二）招商引资的劣势

一是政策比较优势不明显。在多地相继出台招商引资优惠政策的形势下，嘉峪关市政策比较优势不够明显，尤其是承接产业转移的针对性政策不够完善，如设备补贴、运输补贴等方面的优惠政策。

二是产业方面优势不明显。嘉峪关市钢铁产业基础雄厚，2 条千亿级产业链和 6 条百亿级产业链进入门槛较高，难以培养本土企业家，产业带动能力弱，内生增长能力弱。

三是区位特征明显。企业原材料和产品运输距离远，增加了企业生产成本。这尤其对承接东部产业转移和原材料或市场重点不是中亚国家的产业会造成一定影响。

三　招商引资工作建议

（一）完善招商引资组织体系

强化招商引资工作领导小组职能作用，凝聚整体力量，充分利用资源，建立健全系统完备的"市委领导、政府主导、部门参与、全民动员、市场激励"的招商引资责任体系、政策体系和服务体系，协同推动招商引资工作发展。建立嘉峪关市招商引资工作目标责任制。按照部门职责和在编人数，签订目标责任书，确定年度招商引资任务，建立"月通报、季讲评、年考核"的工作机制，并把招商引资完成情况作为各部门年度考核等次评定和目标责任兑现奖发放的重要依据。继续优化招商引资奖励政策，加大招商引资奖补力度，及时兑现奖补资金，由当前一年一兑改为半年一兑。加大宣传力度，调动社会各界招商引资积极性，引导更多企业、个人积极投入嘉峪关市招商引资工作，形成全民招商的工作格局。

（二）加强招商项目包装推介

根据产业优势、产业基础和发展前景，绘好"全景图"和"现状图"，按照产业链发展、扩张的重点和补缺方向，对上下游企业进行梳理分析，研究编制产业链招商引资目录，主攻"京津冀""长三角""珠三角"等发达地区，重点从引进龙头企业、关联企业方面着手，开展调查研究，制定重点招商企业目录清单，深入挖掘和包装一批上下游项目，建立招商推介项目库和客商库，提高项目包装的科学性和招商推介的针对性。认真策划市级经贸招商活动和小型专题招商活动。搭好信息平台，在市政府门户网站设立"产业链招商"活动专栏，建设嘉峪关招商网，打造嘉峪关市信息互通、优势互补、资源共享的网络媒体宣传推介平台。

（三）创新招商引资思路举措

围绕8条产业链，依托酒钢集团公司和中核四〇四开展地企联合招商，

发展壮大钢、铝和民用核技术产业。组建精准招商引资小分队，围绕新材料、通道物流、电子信息、数字经济、绿色环保等重点产业，按照"一个分队一套班子，确定一个招商目标，落地一批招商项目"的要求开展小分队招商，为做大经济总量拓展空间、提供支撑。紧盯与嘉峪关市产业链关联度高的"三类500强"、行业龙头标杆企业以及"隐形冠军"企业，掌握企业投资动态，了解企业现实需求，制定个性化方案，按照产业互补、梯度转移趋向，确定产业链招商的重点区域，开展专题招商。依托嘉峪关市浙江商会、河南商会、陕西商会等民间商会组织开展以商招商。充分利用兰洽会、西博会、进博会等重大节会开展招商。

（四）着力优化投资发展环境

对近年来国家、省市制定出台的一系列扶持政策进行全面系统地梳理，按照"就高"的原则，健全完善招商引资政策体系，提升政策吸引力和竞争力。优化项目跟踪服务机制。落地项目自备案开始即成立推进工作专班，实行链长、链主责任制，对项目前期工作实行全程帮办、代办。储备项目安排专人定期进行对接，及时掌握企业投资意向，解决企业投资顾虑，争取早日达成意向。对有意向的投资项目由市委、市政府主要领导高规格带队拜访，以最大的诚意邀请企业前来进一步考察。建立集约、高效、合理的用地机制，挖潜存量土地，提高利用效率，为产业链项目落地提供土地保障。支持金融机构专门推出针对产业链招商的金融产品。支持重大装备制造业项目纳入省级项目库，争取上级优惠政策。加大人才引进力度，结合企业需要，组织专场招聘会，为企业提供人才智力保障。对产业链中亟须引进的高端高新项目、行业龙头企业、战略性新兴产业等项目，实施"一事一议""一企一策"，确保项目落地。

（五）强化招商引资统计工作

成立以分管统计和招商工作副市长为组长，招商、统计、园区、工信、文旅等部门负责同志为成员的招商引资统计工作领导小组，精准与省经济合作局进行对接，积极协调运用嘉峪关市招商引资高质量样板数据，力争招商引资考核成效走在全省前列。优化嘉峪关市数据统筹工作，对招商引资项目进行动态管理，与各行业主管部门定期对接项目进展情况，及时准确将项目进展情况进行汇总整理并录入"甘肃省招商引资综合管理系统"，做到应统尽统，使项目落地有监督、入库有依据、资金到位有凭证。优化招商引资成效评价指标。认真研究到位资金同比增长率、省级重大招商引资活动项目签约额、非省级节会活动项目签约额、项目资金到位率、项目开工率五项"招商引资成效考核评价"指标，深入分析嘉峪关市各项指标优劣势，针对性地开展工作，确保嘉峪关市招商引资指标有力地推动嘉峪关市高质量综合排名靠前。

（六）打造过硬招商引资队伍

加强招商引资队伍建设，提升招商引资工作荣誉感，综合做好工作保障，切实提高招商引资工作成效。扎实开展招商培训，提升招商人员的项目策划、政策运用、企业服务、公关外交等能力，着力打造一支有责任心的综合素质好、业务能力强、项目运作水平高的招商队伍。注重在招商一线考察和培养干部，对招商成绩突出的单位和个人进行表彰奖励。加强经费保障，根据招商工作实际情况，把专项招商、重大节会招商和招商人员差旅费纳入招商引资工作专项经费，由市财政划拨专项经费用于保障招商引资工作。

B.22
2021年嘉峪关市区域协同发展
情况分析与预测

李燕生　王灏凯*

摘　要： 推进区域协同发展是"十四五"重点发展方向和现代化建设的重大战略课题之一。嘉峪关市将认真贯彻甘肃省委、省政府推动区域协调发展的部署安排，加快推动酒嘉双城经济圈建设，在做强优势产业、基础设施互通、民生交流合作、整合市场资源等领域协同发展，打造全省区域联动发展先行区和甘肃西部重要增长极。

关键词： 区域协同　协同发展　酒嘉双城经济圈

一　2021年酒嘉区域协同发展情况

2021年，嘉峪关市坚持把打造酒嘉双城经济圈作为推动高质量发展、加快建设省域副中心城市的重点战略工程来全力推进，建立了工作协调推进机制，设立了工作专责组，双方达成多项共识，相关部门和企业合作日益密切，合作领域不断深化拓展，酒嘉双城经济圈建设势头良好。

（一）产业对接持续深化

在工业方面，矿产品开发利用合作不断深化，酒泉市博伦矿业、德泰矿业等矿产采选企业，浩海煤化、金利通碳材料等化工企业，已与酒钢集团公

---

* 李燕生，嘉峪关市党史和市志研究院业务科二级主任科员，主要研究方向为全面深化改革；
王灏凯，嘉峪关市发展和改革委员会国民经济综合科科长，主要研究方向为国民经济与社会发展。

司、索通公司等形成了互利共赢的产业链；新能源开发和装备制造合作持续强化，酒钢集团公司马鬃山 20 万千瓦风电项目完工，酒钢集团公司计划在玉门市、金塔县建设的智慧电网及新能源就地消纳示范项目有序推进。在文化旅游方面，酒泉市和嘉峪关市合力推动大敦煌文化旅游经济圈，实行两市居民免费游览部分景区景点政策，合力进行文旅宣传推介活动，开展了"酒嘉长三角文化旅游推介宣传活动"、"冬春精彩之旅·壮美河西走廊"文化旅游推介会。在农业方面，双方加强戈壁生态农业发展合作，达成农产品互认互通、精深加工等领域合作协议，实现重要农产品同城化供给，酒泉市日均调入嘉峪关 150 吨叶菜、番茄、辣椒等蔬菜和 15 吨牛羊猪肉等畜产品。[①] 在商贸物流方面，双方共同推动酒泉春光集团嘉峪关农产品冷链市场、酒泉大宗农产品集散中心、西部天地物流配送中心、酒嘉地区城市物流共同配送中心等项目建设，嘉峪关和肃州、金塔之间的商贸物流和休闲度假变得日益繁荣。

（二）基础设施加速融通

在道路交通方面，两市加快交通路网改造升级，S06 酒嘉绕城高速路基和桥涵工程基本完工，酒嘉一级公路丁家坝至 G312 嘉清连接线正在开展招投标前期工作，酒嘉快速通道、酒泉经开区至嘉峪关道路、金嘉路、酒文路等既有道路的保养改造力度持续加大，两市互联互通交通网络体系更加完善。在城市基础设施方面，以优化城市布局、提升城市承载能力为重点，两市逐步推动供热、供水等市政基础设施联网建设。酒钢集团宏晟电热公司向肃州区集中供暖项目、厂内乏汽余热回收供热改造工程已启动，厂外项目的可研立项批复、稳评、安评、环评、路由测绘勘察工作、选址论证工作已完成，正在进行施工图设计，争取年内及早开工建设。在生态环保方面，不断强化生态环保基础设施互通共用和区域环境污染联防联控，海螺创业酒泉市生活垃圾焚烧发电项目建成投运，酒泉市综合危险废物集中处置中心实现对嘉峪关市危险废物的无害化处置。讨赖河（北大河）生态综合治理工程顺

---

① 本报告数据由嘉峪关市发展和改革委员会汇总整理。

利推进,肃州区段治理方案正在进行评审,讨赖河嘉峪关段综合治理工程即将全线完工。

(三)民生合作持续拓展

在教育方面,充分发挥两地优质教育资源的辐射作用,常态化开展教研交流活动,促进优质教育资源共享。全面取消两市义务教育阶段招生户籍限制,两地中小学生就读享受同城待遇。推动两地职业教育办学合作,职业教育双向招生规模不断扩大。在医疗卫生方面,积极推动医疗卫生领域同城化发展进程,推动医疗卫生信息共享,两市实现医保定点医院和检查检验结果互认、医保双向免备案直接结算、就医购药刷卡互认、医保关系转移接续网上通办。特别是在新冠肺炎疫情防控时期,两地加强信息协查,协同设立检疫卡点,协作进行核酸检测,聚力打赢了疫情防控阻击战。在人才就业方面,实现了两地专家库评委资源共享、分居干部优先调动、就业招聘互通互促,有力促进了两地人才的交流。两地及驻地大型国有企业间干部交流培训力度不断加大,建立了互派干部到对方县市区、部门、企业挂职培养机制,充分利用玉门铁人干部学院、嘉峪关长城博物馆等平台,提升干部培训教育水平。

(四)市场资源有效整合

深化商事制度改革,在全省率先推行商事登记"跨市通办"。联合建立酒嘉市场监管协作机制,推动监管执法信息共享,有力保证案件查办跨区域快速响应。建立酒嘉国土资源利用会商机制,共同推进酒嘉双城经济圈国土空间规划编制工作。

二 2022年推进酒嘉区域协同发展的对策建议

按照国家关于建立更加有效的区域协调发展新机制的部署,[①] 两市积极

[①] 《中共中央 国务院关于建立更加有效的区域协调发展新机制的意见》,中国政府网,2018年11月29日,http://www.gov.cn/zhengce/2018-11/29/content_5344537.htm。

学习借鉴成渝地区双城经济圈①的经验和做法，继续发挥各自的优势和积极性，通过健全市场机制、合作机制、互助机制、扶持机制，形成相互促进、优势互补、共同发展的新格局。促进酒泉、嘉峪关和酒钢集团公司、中核四〇四、玉门石油管理局、敦煌研究院两市两企一局一院融合发展，以新能源产业、先进制造业、文旅产业、现代物流业为发展重点，加快传统产业转型升级和新兴产业培优扶强，增强经济辐射带动效应。

（一）推进产业对接，实现优势互补发展

一是重点围绕新能源、钢铁、石化、装备制造等产业，加强两地产业配套协作，将酒泉的矿产原料优势和嘉峪关的加工转化优势有效融合。支持酒钢集团公司开展技术循环化改造和产品高端化升级，通过技术改造、产品研发、产业升级，增强企业核心竞争力。二是积极落实国家核能发展战略，加快国家核基地综合保障区建设，打造现代化核工业高科技产业园区和重点实验室。积极争创国家军民融合创新示范区，开展以重大学科目标为牵引的技术研究，积极推进重大军民融合前沿技术协同创新。三是加快能源产业转型升级。酒嘉两地合作发展以光伏光热发电、分布式能源、风力发电为代表的新能源产业，共同争取区域电网、电力局域网优惠政策，积极扩大本区域消纳能力，大力开拓省外受电市场。抢抓河西走廊重要新能源产业基地战略布局重大机遇，做好"源网荷储"局域电网，形成电价"洼"地，提升招商引资和集聚产业的能力，谋划实施园区级"源网荷储"一体化和多功能互补发展试点项目，推进"新能源优势转换放大地"目标的实现。四是全面提升物流产业水平。聚焦共建"一带一路"国家和地区，以酒泉—嘉峪关为中心，依托国家陆港型物流枢纽和国际陆港的区位优势，构建服务全国，面向中亚、西亚和欧洲的综合物流枢纽。建好用好嘉峪关、敦煌两大空港口岸，依托策克口岸、马鬃山口岸，发挥嘉策铁路和S215线运能，协同培育

---

① 中共中央、国务院：《成渝地区双城经济圈建设规划纲要》，中国政府网，2021年10月21日，http://www.gov.cn/zhengce/2021-10/21/content_5643875.htm。

口岸市场。五是围绕大敦煌文化旅游圈建设，推进酒嘉文旅品牌、文旅产品、文旅政策共创共建，持续推行两市市民景区相互免费政策，扩大市域内景区门票三日制实施范围，推广文旅惠民区域年卡。持续开展联合营销，互相支持对方举办的推介交流活动，共同组织文旅企业到客源地城市举办文化旅游推介会。

（二）加快互联互通，完善区域交通网络

一是加快推进两地区域交通一体化建设，实现道路运输领域数据交换，推动行业协同治理，共同打造双城便捷高效体系。二是推进两地交通全面对接，尽快打通断头路，形成全面互联互通的城市间道路。加快建设 S06 酒嘉绕城高速公路和 G312 过境公路，打造酒嘉"半小时经济圈"，辐射带动玉门、金塔等快速通道建设。三是合作争取国家和省上支持，提升嘉峪关机场、敦煌机场运能，形成连接欧亚的丝路航线网络。加快推进嘉峪关机场航空口岸开放，启动嘉峪关国际空港建设，提升鼎新、下河清机场运能，谋划实施嘉峪关铁路口岸，共同打造酒嘉国际陆港。四是增加更多途经两地旅游景点、商圈、机场、车站的公交线路，逐步形成更加便捷高效的区域公共交通网络。五是实现公共交通互联互通，探索推动区域公共交通一体化，积极引进"两城一家"快速公交系统。推行两地公交卡互认互通，推动两地公共交通服务证照资质互认、异地证照办理、红黑名单共享互查，实现两市群众出行无差别交通服务。

（三）立足融合发展，统筹规划基础配套设施建设

一是结合两地相邻城区的实际情况和发展需求，逐步推进两市城区供热、供排水等市政基础设施网络的衔接和联网。依据酒钢集团宏晟电热公司与酒泉肃州区政府签订的供热项目合作框架协议，酒钢集团宏晟电热公司以现有 6 台热电联产机组实施乏汽余热回收改造，向肃州区提供采暖供热服务。首期对 5 号机组实施乏汽余热回收改造，满足肃州区 800 万平方米供热需求。二是统筹规划建设两地信息基础设施。推进 5G 网络、工业

互联网、基础通信网、无线宽带网、应急指挥通信网、数字电视网等基础设施融合。扩大农村地区信息网络覆盖面，率先推进国家数字家庭和数字电视应用示范，收费标准统一。三是强化其他基础设施建设。加快自然灾害防治、绿色环保等重大工程实施，提升城市防灾减灾能力，促进绿色产业发展。围绕公共服务设施提标扩面，优化医疗卫生、教育、养老托育、文旅体育、社会福利和社区综合服务等设施。围绕环境卫生设施提级扩能，完善垃圾无害化、资源化处理、污水集中处理和公共厕所等设施，推进市政管网设施、配送投递设施、城市停车场、冷链物流、老旧小区等更新改造和智慧化改造。

（四）实现资源统筹，推动农业农村高质量发展

一是加强嘉峪关、酒泉两市在发展戈壁农业、农产品精深加工、农业技术交流方面的合作，建立一批高科技农业基地、无公害农产品基地和特色农业基地，联合开拓农产品外销市场。二是推动农产品"绿色通道"安全畅通，强化两地市场互通互认。依托两地优势品牌资源，辐射带动周边区域农产品生产、加工产业发展。依托紫轩酒业、酒钢集团祁牧乳业等龙头企业，互补发展农副产品精深加工，培育壮大区域公共品牌。三是共同推进农产品质量安全管控，逐步建立和统一农产品质量安全检测参数、检测方法，互派人员进行农产品质量安全检测，实现两地农产品检测检验互认，推进两地农产品无障碍流通。四是农产品供应合作。酒钢集团宏源公司持续与金塔县对接饲草料收储和土地流转事宜，协助金塔县农副产品入驻酒钢集团宏丰超市，增加金塔县农副产品销量。

（五）共筑生态屏障，推动生态环境共建共保

一是推进重点生态工程建设，协同推进嘉峪关草湖国家湿地公园与酒泉花城湖湿地公园、讨赖河嘉峪关安远沟至酒嘉分界线段水系生态环境综合治理工程建设。优化水资源管理，统筹区域水资源合理配置和利用，恢复酒嘉两市湿地生态功能，将嘉峪关市生态植被恢复、湿地保护等项目统筹纳入祁

连山生态保护和治理工程。二是实现生态环境信息共享，逐步建设环境信息共享互通平台。积极推进生态环境执法联动，实现突发环境事件应急联动。加强环境应急专家、环境应急物资、环境应急救援力量的合作共享，协同妥善处理环境突发事件，确保区域环境安全。三是加强环保基础设施互通共用，特别是固危废处置设施和医疗废物处置设施，对相关经营单位取消收费壁垒，统一收费标准，让两地企业享受同等待遇。四是建立重污染天气协同应对机制，协同做好大气、水、土壤污染防治工作；建立生态环境执法机构和环境违法案件线索移交机制，开展联合执法和跨界重点污染源联合整治；建立跨区污染问题的重大项目环评联合审查机制，防止给对方水源地、空气环境带来较大影响；强化讨赖河水系生态环境治理等合作。

（六）共享发展成果，协同推进社会民生事业

一是优化两市教育资源、功能布局，充分发挥两地优质教育资源的辐射作用，促进教育资源的共建、共享、共用。依托酒泉职业技术学院、甘肃钢铁职业技术学院等中高等职业院校，结合两市新能源工程、应用化工、机械制造、冶金技术、文化艺术等优势学科，对接双方企业人才需求，培养装备制造、教育、医护等各类职业技术人才，为两市毕业生提供同等就业机会。组建义务教育、职业教育、高等教育等多领域教育联盟，打造具有全省重要影响力的教育协同发展示范区。二是健全两地人才流动服务中心协调沟通机制，确定常态化招聘会时间，逐步推进，适时增加举办频次，招聘信息双向互通发布。健全完善两地人员调动交流机制，加大两地干部交流培训力度，建立互派干部到对方县市区、部门、企业挂职培养机制，提升干部培训教育水平，进一步畅通两地人才交流渠道。三是推动两地全民健康信息平台对接，促进两地群众看病就医同城化。深化基本医保合作，扩大城乡居民基本医保定点医院互认范围，尽快实现两市医疗保险系统互联互通，两地居民凭医保卡可在对方定点医院、药店就医购药。依托酒泉市人民医院、嘉峪关市第一人民医院、酒钢医院、酒泉市中医院、嘉峪关市中医院等重点医疗机构，在合作共赢、优化服务中深度融合，整体提升酒嘉两市医疗卫生服务能

力。四是进一步拓宽酒嘉"跨市通办"事项覆盖范围。加强市场执法合作和联动协查，建立举报投诉、打假查处的合作协调机制。构建一体化诚信体系，实现企业信用评估结果互认，切实保护两地名优品牌。

（七）健全协调机制，推动双向互动发展

一是统一规划实施。以编制"十四五"规划为契机，协同衔接国家、省双城经济圈发展规划，协调两市"十四五"规划及各专项规划，编制酒嘉双城经济圈建设规划，强化在大产业、大政策、大通道、大项目等方面的协同和互动。二是统一打造市场环境。搭建统一的信用信息平台、统一联通的线上线下政务服务大厅、统一的企业服务和重大项目平台，提供便捷的政务服务和质量技术服务。三是统一推进改革开放。先行先试既是关键举措又是重大红利。酒嘉地区有开拓创新、率先探索的优良传统，推进酒嘉双城经济圈建设，要利用好率先探索的机遇，坚持问题导向、目标定位，抓住关键环节，大胆创新突破，率先建立起一套有利于推进高质量发展的制度、政策与模式，使酒嘉地区成为全省新时代推进改革开放和实施创新驱动的排头兵。四是加强对上沟通对接。结合酒嘉两地发展实际，认真梳理优势互补、产业协同、资源共享等可以开展深度合作的重点，分别从全局和各阶段提出的目标任务、实现路径出发，力争得到最大程度的吸收采纳，积极争取省上的资金和项目支持。

城市建设篇
Urban Construction

B.23
2021年嘉峪关市水利事业
发展情况及建议

邓廷涛 郝晓春*

摘 要： 本报告从嘉峪关市水利事业发展实际出发，从水资源、水工程、水土保持、河湖管理等方面认真分析了嘉峪关市水利工作现状，针对水资源对经济社会的刚性约束不断增强、节约用水任务艰巨、水利投融资渠道有待创新、水资源管理体制不顺畅等问题，提出必须从以工程措施优化配置水资源、调整产业结构、加强水资源管理、加大水利基础设施投入等方面推动水利事业高质量发展。

关键词： 水资源 水利事业 水利基础设施

---

* 邓廷涛，嘉峪关市委政策研究室三级主任科员，主要研究方向为基层治理；郝晓春，嘉峪关市水务局办公室主任，主要研究方向为水利公共服务。

2021 年，嘉峪关市积极践行水利改革发展总基调，推动治水管水取得新成效，不断提升水安全保障能力，为嘉峪关市打造省域副中心、建设西部明星城提供了坚强的水利保障。

一 水利事业发展情况

（一）最严格水资源管理扎实有效

坚持总量控制、计划用水，分行业下达用水计划，年用水总量控制在省政府下达指标 1.94 亿立方米以内。市政府印发《嘉峪关市实施国家节水行动方案》《嘉峪关市节约用水管理办法》《嘉峪关市人民政府关于调整嘉峪关市实行最严格水资源管理制度考核工作领导小组成员及成员单位工作职责的通知》，健全水务牵头、相关部门单位协同配合的最严格水资源管理机制。制定《取用水管理专项整治行动整改提升实施方案》，结合省级环保督察、"双审"反馈问题以及水利部、水利厅暗访检查发现的各类取用水违法违规问题整改情况，举一反三，全面梳理复核，建立整改台账，明确整改措施，逐一销号落实。开展超许可、超计划用水专项整治行动，对超计划取用水 8 家单位进行行政处罚，累进加价征收水资源费 32.73 万元。开展地下水超采区治理，制订 2021 年地下水超采区治理工作计划，通过对取水单位采取提醒、约谈、行政处罚等方式，压减超采区水量 200 万立方米。①

（二）节水用水工作全面推进

明确工作重点，压实工作任务。围绕全面节水、合理分水、管住用水的水资源管理目标，开展节约用水监督检查，对 35 家重点监控用水单位进行动态管理。完成 2 个生产建设项目水资源论证审查。开展工业项目节水评价，建立节水工作台账，完成节水评价登记 2 次，核减用水量 9354.57 万立

---

① 本报告数据由嘉峪关市水务局汇总整理。

方米。以"世界水日""中国水周"宣传活动为载体,在农贸市场、街道社区、机关、学校进行节水宣传,印发各类宣传材料2万余册,群众节水意识明显增强。县域节水型社会通过水利部验收,1家工业企业被评为全省节水型企业,10家单位被评为省级节水型公共机构。

(三)水利工程项目建设稳步推进

引入社会资本1亿元,申请中央、省级资金1433万元,完成固定资产投资1.95亿元。省列重点项目讨赖河嘉峪关安远沟至酒嘉分界线段水系生态环境综合治理工程顺利推进;农村水源保障工程新城供水水厂、双泉水库维修养护、23.34平方公里水土保持治理、文殊镇白沙河水毁修复、峪泉镇沿山防洪渠水毁修复等项目建设完成。积极推进大草滩水库引水枢纽除险加固、峪泉小城镇输配水管网改造、田家沙河防洪治理前期工作。

(四)水旱灾害防御提质升级

牢固树立"宁可十防九空,也不可一日不防"的思想,认真履行水利防汛监测预警、水工程调度和技术支撑"三项职能",加强与气象、水文、应急部门沟通协调、信息通报、分析研判,发布预报预警信息685条。对山洪灾害预警系统进行全面维护升级,坚持24小时值班值守,提升预警监测能力。修订完善《嘉峪关市防汛抗洪应急预案》和《嘉峪关市抗旱应急预案》,落实《嘉峪关市山洪灾害群测群防体系建设实施意见》,建立市包镇、镇包村、村包组、党员干部包群众的"包保"责任制,组织开展山洪灾害预警演练12场次,落实水库"三个责任人"和"三个重点环节",加强巡查检查,消除隐患。投资49万余元实施白沙河水毁修复工程,修复泄洪沟710米,投资29万余元实施峪泉镇沿山防洪渠水毁修复工程,加固泄洪渠560米。

(五)河湖长制工作纵深推进

以讨赖河嘉峪关段创建省级美丽幸福示范河湖为契机,坚持靶向发力,健全完善规章制度，落实分办、交办、督办工作职责，推动河湖长制"有实""有能""有效"建设。结合河湖长制工作需要，将河湖长制成员单位由原来的 20 个增加至 24 个，提升工作合力。增加市河长办编制 1 名，落实河湖长制工作经费 112 万元。动态调整河湖长名录，及时更新河湖长公示牌，通过聘请民间河长，组建河湖管护志愿队伍，建立视频监控系统实时查看河湖动态等方式，实现重点河道、敏感水域、重点湖库在线实时无盲区、全覆盖巡查监管，各级河湖长累计开展巡河湖 1149 人次。建立行政执法与刑事司法相衔接的"河湖长+警长""河湖长+检察长"工作机制，开展联合执法检查 5 次。组织开展"春雷 2021 河湖管护攻坚行动"、"聚焦小微边共建幸福河"专项行动，持续清理整治河湖"四乱"问题，清除各类垃圾 400 余吨，地表水、地下水水质达标率 100%，讨赖河断面在国家地表水考核断面排名中位居全国第 2。充分利用《新甘肃》、《甘肃日报》、《嘉峪关日报》、嘉峪关广播电视台等新闻媒体，广泛开展河湖管理保护及河长制推行五周年宣传活动，制作美丽幸福河湖建设专题片及河湖长制公益宣传片，营造全社会关注、关爱河湖的良好氛围。1 名镇级河长被水利部授予"全国优秀河长"荣誉称号，水清、岸绿、河畅、景美的河湖水生态环境全面呈现。

（六）水土保持监管能力增强

加强水土流失监管，利用现场检查、书面检查、"双随机一公开"检查、"无人机"巡查等多种方式，对全市 47 个大中型项目进行全覆盖跟踪检查，核查水土保持遥感监管图斑 52 个，对"未批先建""未批先变""未验先投""未缴纳水土保持补偿费""未落实防治措施"等违法违规行为加大惩处力度，下发整改通知书 42 份，征收水土保持补偿费 982 万元，督促生产建设单位履行水土流失防治主体责任，新增水土流失治理面积 22.94 平方公里，水土流失面积较上一年度减少 3.37%。

（七）农村饮水安全有效保障

坚持以制度促管理，以管理促长效，压实"三个责任"，落实"三项制度"，按照"保水源稳定、保水管畅通、保水质达标"的"三保"目标要求，加强用水全过程监管，开展冬季冻管隐患排查3次，检测水样126个，争取中央资金10万元，用于维修农村饮水安全工程，严格落实农村饮水安全24小时值班制度，及时受理举报投诉，切实提高农村饮水安全保障水平。

（八）持续深化"放管服"改革

严格落实"三集中、三到位"和"四办"要求，坚持权责法定、依法行政，对行政许可15项、行政处罚35项、行政强制1项、行政征收3项和其他行政权力事项6项进行梳理更新，做到信息数据规范和准确。推进重点水利工程项目"联审联批"，将审批时间压减至90个工作日以内，实现"一家牵头、并联审批、限时办结"，提高项目审批效率。开展取水许可电子证照推广应用，全市219本纸质取水许可证电子转换工作全面完成，转换率100%。

二　水利事业发展的短板

一是水资源对经济社会的刚性约束不断增强。习近平总书记在黄河流域生态保护和高质量发展座谈会上提出，"要坚持以水定城、以水定地、以水定人、以水定产，把水资源作为最大的刚性约束"。2021年全市用水总量为1.94亿立方米，"十四五"期间年用水总量要控制在2.06亿立方米以内，用水指标增量仅有0.12亿立方米。随着嘉峪关市经济社会快速发展，工业用水、生态用水持续增加，用水总量控制指标与经济社会发展需水之间的矛盾日益突出。

二是节约用水任务艰巨。省政府下达嘉峪关市2030年万元工业增加值用水量指标为17立方米，要在现状基础上下降27立方米，作为工业用水大户的酒钢集团公司，更新用水工艺，改造用水设备，实现了工业废水"零排放"，全市进一步节水的潜力很小；农业灌溉未能在田间全部配套滴管、喷灌等高效节水灌溉方式，用水效益不高；生态绿化用水与生活用水由一路管线供水，缺乏有效的监管手段。

三是水利投融资渠道有待创新。水利基础设施建设大多属于公益性项目，投资回报率低，难以吸引社会资本参与，资金不足严重制约水利补短板项目的实施，水利建设面临巨大的筹资压力。

四是水资源管理体制不顺畅。嘉峪关市供水分别由酒钢集团公司、兰州铁路局武威房建段嘉峪关供水车间、嘉恒公司、水投公司、水务局分区域供给，新城镇农业灌溉地下水由新城镇各村委会管理，排水由酒钢集团公司和市污水管理处负责，地域上条块分割，职能上交叉重叠，没有形成涉水事务统一管理的水务一体化格局，水资源管理的行政效能和效率有待提升。

三　水利事业发展对策建议

（一）以工程措施优化配置水资源

结合嘉峪关水资源配置、调度实际，谋划实施大草滩水库引调水工程，进一步优化全市水网体系布局。发挥安远沟水库（东湖）、迎宾湖调蓄作用，最大限度地优先使用地表水、中水，减少地下水开采量。积极推进农业集约化、节约化生产，配套滴灌、喷灌、膜下灌溉等高效田间节水技术，促进农业节水。加大工业企业节水技术改造力度，限制高耗水工业项目，落实水平衡测试，建设节水型企业。推广普及高效实用的节水器具，落实分区分户计量和水平衡测试，建设节水型小区、学校、宾馆、单位。控制新增绿地面积，改造绿化用水灌溉系统，将大水漫灌全部改为滴灌、喷灌并逐年扩大再生水灌溉范围，降低灌溉定额，多选耗水量小的树种，少选耗水量高的草坪，新增绿地用水主要依靠现有绿地节水保障。

（二）调整产业结构

根据水资源和水环境承载能力，合理安排生活、生产和生态用水。

加大工业结构调整力度，结合产业结构优化升级，延长钢铁、电解铝产业链，围绕上下游配套，发展低耗水高效益精品工业，提高市场准入门槛，限制高耗水企业入驻；积极调整农作物布局，优化种植结构，发展高效节水农业和设施农业，限制高耗水农作物种植，鼓励种植耗水少、附加值高的农作物。

（三）加强水资源管理

围绕"三供一业"移交，整合现有供水、污水处理企业，逐步实现水资源供、用、排环节的统一管理。强化定额管理，提高管理水平，建设水资源监控与管理系统，落实相关单位管理主体责任；落实水资源论证制度，把好建设项目准入关，形成全社会共同管水、用水的合力。严格用水总量控制指标约束，加大节水宣传力度，培育节约用水文明行为习惯（见表1）。

表1 2022~2025 年嘉峪关市用水总量控制指标预计情况

单位：亿立方米

年份	用水总量控制指标	增量
2022	1.97	—
2023	2.00	0.03
2024	2.03	0.03
2025	2.06	0.03

（四）加大水利基础设施投入

加大财政资金对公益性水利基础设施建设的投入力度，创造良好的水利投资环境，加快形成向水利产业倾斜的投融资优惠政策，加大水利设施利用信贷资金、社会资金的力度。深入推进水务一体化建设，不断激活水利建设市场。

B.24
2021年嘉峪关市环境保护情况及建议

张允 甘煜*

摘　要： 2021年嘉峪关市牢固树立绿色发展理念，坚持以改善生态环境质量为核心，围绕污染防治攻坚战、生态环保督察反馈问题整改、突出生态环境问题排查整治等重点展开工作，生态环境质量得到持续改善。但受自然环境、发展阶段等因素制约，嘉峪关市仍存在空气质量改善压力较大、污染物减排任务艰巨、存量生态环境问题较多等不足之处。本报告结合上述现状和问题，建议全市进一步强化规划引领作用，推动绿色发展，深入打好污染防治攻坚战，不断加强执法监管，以推进生态环境质量持续稳中向好。

关键词： 生态环境保护　污染防治　环境质量

一　环境质量状况

2021年嘉峪关市环境空气质量综合指数为3.03，同比改善3.5%，优良天数为312天，占比为85.5%，可吸入颗粒物（PM10）浓度均值为54微克/米³，同比下降6.9%，细颗粒物（PM2.5）浓度均值为19微克/米³，同比下降13.6%；城市集中式饮用水水源地、地表水、地下水水质达标率为100%，全市无劣Ⅴ类水体；北大河（干渠）断面在国家地表水考核断面排

---

* 张允，嘉峪关市委政策研究室综合科科员，主要研究方向为社会工作；甘煜，嘉峪关市生态环境局办公室科员，主要研究方向为生态环境保护工作。

名中位居第 2；在危险废物规范化考核中连续多年获评 A 级，未发生重大环境事件及核与辐射安全事件。[①]

二　生态环境保护工作开展情况

（一）深入打好污染防治攻坚战

1. 持续推进大气污染防治工作

深入开展工业、燃煤、机动车和扬尘四类污染源治理，完成大气污染源排放清单和源解析报告，充分发挥 26 个空气质量微型监控点和 171 套污染源在线监控设施效用，大气污染防治科学化、精准化水平得到有力提升。全面核查酒钢宏兴股份有限公司废气排放口污染物排放情况，积极推动钢铁行业超低排放改造项目实施，现场帮扶宏晟公司 125MW 燃煤火电机组超低排放改造项目，督促实施酒钢焦化厂焦炉烟气脱硫脱硝、焦炉煤气净化系统优化改造、选烧厂烧结机改造、储运部嘉北和嘉东综合料场粉尘治理等污染防治项目建设。持续加大道路扬尘污染治理力度，立案查处道路扬尘污染违法行为 28 起。持续开展煤炭市场整治行动，完成商品煤监督抽查 143 批次，合格率为 100%，实现全市煤炭经营企业和重点燃煤单位的检验检测全覆盖。建成机动车尾气遥感监测系统，完成验收并实现国家—省—市三级联网。

2. 不断深化水污染防治工作

编制重点流域水生态环境保护"十四五"规划，增强生态保护治理的系统性、整体性、协同性。完成水环境承载力评价，全市未出现水环境超载状态；持续加大饮用水水源保护区检查力度，及时消除环境安全隐患。强化全市污水处理设施运行监管，推进农村生活污水处理设施稳定运行，提升水资源的有效利用率。开展入河排污口排查工作，重点针对 6 条河流、16 座

---

① 本报告数据由嘉峪关市生态环境局汇总整理。

湖库岸线进行排查，未发现非法入河排污口。新建及改造污水管网 16.96 公里，区内污水管网体系基本完善，基本实现全收集、全处理，市污水处理厂完成提标改造工作。全市规模养殖场污染防治设施配套率为 100%，畜禽粪污资源化利用率为 87.5%。

3. 稳步推进土壤污染防治工作

积极推进本地危废收集、处置利用项目建设，陆续建成电解铝槽大修渣无害化综合利用、水泥窑协同处置危废等项目，各类危险废物年处置能力达到 41.3 万吨，2021 年全市产废单位共转移处置危险废物 20.8 万吨，大宗危险废物年产生量和处置利用能力基本匹配。持续加强农村面源污染管控，推进化肥农药减量化和白色污染治理，农村生活垃圾收集转运处理设施 100% 全覆盖，农村生活垃圾无害化处理率达 100%，土壤环境安全可控。民丰公司含铬污染场地修复项目得到生态环境部及省生态环境厅的肯定。

（二）持续深化环评"放管服"改革，不断优化营商环境

开展"会诊式"环保执法服务专项行动，制定建设项目环评审批正面清单，实行环评审批告知承诺制，编制《建设项目环境保护一本通》，制定帮扶清单，开通绿色通道，专人跟踪办理，多措并举支持企业健康发展。针对 S06 绕城高速等重大项目，召开监管帮扶培训会。及时制定印发《嘉峪关市"三线一单"生态环境分区管控实施方案》及生态环境准入清单，持续加大"三线一单"①与城市规划和项目环评互通互融，建立健全生态环境分区管控体系。2021 年，全市共受理审批环评报告书 5 份，环评报告表 18 份，备案登记表 39 份，为 13 家企业登记发放排污许可证，累计帮扶企业复工复产 151 家次。

（三）全力保障省级生态环境保护督察

第二轮省级生态环境保护督察期间，全市各部门始终坚持将"以人民为中心"的理念贯穿于整个督察工作过程中，汇总提供 114 家次单位共 174

① "三线一单"是指生态保护红线、资源利用上线、环境质量底线、环境准入负面清单。

项 1500 余份工作资料，"立转立办立查" 115 件信访投诉案件，圆满完成了督察保障服务工作。针对第二轮省级警示片披露问题和督察反馈问题，及时制定整改方案。截至 2021 年底，警示片披露 11 项问题中的 7 项、督察反馈 33 项问题中的 10 项已完成整改并积极按程序办理销号，剩余问题正在按计划推进；督察期间共向嘉峪关市交办信访投诉案件 115 件，办结 112 件，办结率为 97%。针对投诉集中的餐饮油烟问题，结合整治实际，进一步建立健全长效监管机制，严格落实回查制度，通过逐户签订承诺书、实地入户开展居民满意度调查，做到整改责任全落实、问题整改全到位，确保餐饮油烟问题整改工作不反弹、不弱化。

（四）持续加大生态环境监管力度

2021 年，全市累计投入资金 6.84 亿元用于支持污染防治项目，减排效益发挥显著。印发《嘉峪关市"三线一单"生态环境分区管控实施方案》和《嘉峪关市生态环境准入清单（试行）》，更加注重源头预防和治理。全面强化生态环境问题排查整治，聚焦生态破坏、环境污染、环境风险、突出生态环境问题整改等情况进行排查。截至 2021 年底，排查出的 21 个问题中，全市已完成整改 19 个，对剩余的 2 个按既定方案稳步推进整改。始终保持打击生态环境违法犯罪行为的高压态势，共出动生态环境执法人员 860 人次，检查企业 280 余家次，受理办结环境信访投诉 30 件，立案查处环境违法案件 14 起。

（五）积极开展生态文明建设宣传

充分利用网站、微信公众平台及微博等各类媒体平台，依托进社区、进校园、环保设施开放等形式，持续加大宣传习近平生态文明思想的力度。组织召开碳达峰、碳中和①政策宣贯暨应对气候变化能力建设培训会，为做好全市碳达峰、碳中和相关政策宣贯工作、提升应对气候变化相关工作能力奠定坚实基础。在国际生物多样性日、世界环境日、全国低碳日等环保纪念日

---

① 2020 年 9 月，中国明确提出 2030 年"碳达峰"与 2060 年"碳中和"目标。

积极开展主题宣传活动，引导全社会牢固树立生态文明价值观念，凝聚全社会关心环境、保护环境的强大合力。2021 年 10 月，由中国环境出版集团发起，甘肃省生态环境厅宣传教育中心、《环境保护》杂志社主办，嘉峪关市生态环境局承办的"诗 e 中国行"美丽甘肃生态环境采风活动暨生态环境宣传工作会在嘉峪关市成功举办，同时在嘉峪关图书馆建成西北地区第一个"青山书角"。

三 环境保护工作存在的问题

受自然环境、发展阶段等因素制约，嘉峪关市生态环境保护工作仍然存在一些不足之处。

（一）空气质量改善压力较大

嘉峪关市地处西北内陆戈壁腹地，区域内戈壁、荒漠占辖区面积的91.3%，植被覆盖率低，极度干旱少雨。生态环境基础脆弱、自然条件严酷的现实地理条件导致空气质量常年受沙尘天气影响，环境空气质量的改善压力日益增加，完成空气质量优良天数目标的任务非常艰巨。尤其是 2021 年春季，更是出现了近 10 年来最强的沙尘天气过程，不仅沙尘天气强度高于往年，持续时间也长于往年。全年发生沙尘天气 33 次，受影响天数达 73 天。

（二）污染物减排任务艰巨

历史形成的产业结构造成嘉峪关市单位地区生产总值能耗等能源、资源类约束性指标居高不下，粗放型经济增长方式明显，能源消费总量大，以煤炭为主的能源结构和产业偏重化结构的趋势还将维持较长时间。在经济发展困难增多、资源环境约束趋紧、下行压力持续增大的形势下，钢铁、有色、建材等产业链条短，产品附加值低，综合能耗高，污染防治工作压力持续增大，产业结构调整任务依然艰巨，综合能耗下降空间较小，工业产业转型、节能降耗及减排任务繁重。

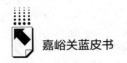

（三）存量生态环境问题较多

酒钢集团公司经过 60 余年发展，固体废物存量大，利用处置的产业层次低，循环配套规模效益不高，且每年新产生固废超过 800 万吨，受技术、工艺和市场等诸多因素限制，依然存在尾矿没有有效利用渠道，冶炼废渣、脱硫石膏的综合利用途径相对狭窄等问题。近年来嘉峪关市虽然陆续上马了一批危险废物处置利用项目，但现有处置能力仍不能快速解决历史存量过多的问题。

（四）城市管理水平与人民日益增长的美好生活需要不相适应

城市精细化管理方面仍然存在短板，环保基础设施建设与人民日益增长的美好生活需要还有一定差距；城市部分区域餐饮油烟、娱乐噪声、占道经营、路边烧烤等治理工作仍需进一步细化，精细化管理水平还有待提高。

（五）全社会绿色低碳生活的氛围还不够浓厚

近年来，嘉峪关市生态文明建设成果宣传成效明显，在"六五"环境日和国际生物多样性日等节点组织集中宣传活动，使社会公众的生态环境保护意识得到了提高。但是，与社会关心、全民关怀、人人参与的目标还有一定差距，群众参与生态环境保护的积极性、主动性还需进一步提高。

四　环境保护工作的建议

（一）坚持规划引领，推动绿色发展

加强与国家、省级生态环境保护规划衔接，进一步健全完善嘉峪关市"十四五"生态环境综合规划和各专项规划，编制印发《嘉峪关市"十四五"生态环境保护规划》。建立健全规划编制、实施管理、定期调度和协调推进机制，进一步强化规划引领作用，建立规划项目储备库，强化规划重点项目动态管理，加快推动重点项目落实，围绕规划编制、实施评估、动态调整、监督考核等，形成规划实施全过程管理制度，推进各项规划进入全面实施期。

（二）科学统筹协调，紧盯重点难点

按照"提气、降碳、强生态，增水、固土、防风险"的总体思路，[①] 深入打好污染防治攻坚战，加强四类污染源管控。加大污水处理设施监管力度，督促污水处理厂提标改造工程切实发挥效益。督促土壤重点监管企业落实主体责任，及时开展土壤污染隐患排查工作。严格对照整改方案，紧盯问题、落实责任、举一反三，按照时限要求，坚定不移地抓好生态环境保护督察反馈问题整改工作，同步推进成果巩固，及时开展"回头看"活动，防止问题反弹。按照省级工作安排，对照排查方案，结合任务分工，合理安排、高效协调，扎实开展生态环境问题排查整治工作。

（三）提高能力素质，加强执法监管

按照全市干部能力素质大提升行动推进计划，加强干部队伍能力素质建设，不断提升干部职工业务能力水平和履职尽责能力。充分发挥"三线一单"和准入清单源头管控作用，依托在线监控、无人机等科技支撑手段，着力加强事中、事后监管，切实把排污许可制度作为生态环境管理的核心制度，坚持标准不降、力度不减，督促企业依法排污、按证排污。落实"双随机、一公开"监管要求，完善监督企业名录库，结合正面清单、违法记录等情况实施分级分类管控。加强生态环境领域行政执法与刑事司法衔接，完善信息共享、案情通报、案件移送、联合督办等工作机制。

---

① 《提气降碳强生态 增水固土险风险——生态环境部部长黄润秋谈"十四五"环境保护发力点》，《新华每日电讯》2021 年 1 月 3 日，第 3 版。

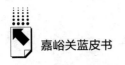

嘉峪关蓝皮书

（四）加强应急防控，守牢生态红线

持续开展环境风险隐患排查整治工作，有序开展涉危险废物、涉重金属企业等重点领域环境风险调查评估和风险管控工作。完善环境应急管理体系，提升环境应急响应能力，组织突发环境事件应急演练，做好环境应急物资储备库运维工作，及时、科学、妥善处置各类突发环境事件。持续推进"放管服"改革，做好重大项目环评审批服务工作。推进工业园区（高新区）规划环评与"三线一单"分区管控有机衔接，与入园项目环评一体联动。遏制"两高"项目盲目发展，严把生态环境准入关口。完善监督执法正面清单常态长效机制。紧盯工业清洁生产产业链、精细化工产业链任务目标，充分发挥责任部门作用，严格履行工作职责，有力推动工作落实。

（五）广泛开展宣传，营造浓厚氛围

持续开展"六五"环境日主题宣传活动，办好国际生物多样性日、全国低碳日等主题宣传活动。加强生态文化建设，开展普法宣传和环保科普活动，巩固推进环保设施向公众开放工作。加强生态环境信息公开管理，加大宣传教育力度，努力形成全社会关心、支持和参与生态环境保护的浓厚氛围。

B.25
2021年嘉峪关市生态建设情况及建议

陈 鹏 马春贤*

摘 要： 2021年，嘉峪关市统筹山水林田湖草沙系统治理，构建林草资源保护制度体系，深入持久地开展全民义务植树活动，持续实施绿化生态建设和绿化品质提升改造，城乡人居环境明显改善，全市绿化惠民及生态建设工作取得了显著成效。本报告建议科学编制相关规划，在提升绿化品质和精细化管理上下功夫，推动生态建设高质量发展。

关键词： 生态建设 绿化品质 林草资源

一 2021年生态建设工作情况

（一）稳步推进国土绿化 筑牢生态安全屏障

2021年，嘉峪关市充分发挥国有企业示范带动作用，引导社会力量参与造林绿化，纵深推进国土绿化行动，完成国土绿化面积123.7公顷。组织市属各部门和社会各界开展了全市义务植树活动，拉运义务土方10.3万立方米，栽植各类苗木57.52万株（折算株数）。开通嘉峪关市全民义务植树网站"互联网+全民义务植树"，实行线上线下全民义务植树尽责形式，已完成网络植树扫码960余株，进一步丰富了全民义务植树的尽责形式。2021

---

* 陈鹏，嘉峪关市发展改革委副主任，主要研究方向为乡村旅游、社会学；马春贤，嘉峪关市林业和草原局（绿委办）造林绿化科科长，主要研究方向为国土管理。

年底，城市建成区绿地面积达 2783.67 公顷，人均公园绿地面积达 29.23 平方米，绿地率和绿化覆盖率分别达 39.54% 和 40.65%，森林覆盖率达 12.57%，草原综合植被盖度达 16.50%（见图1）。

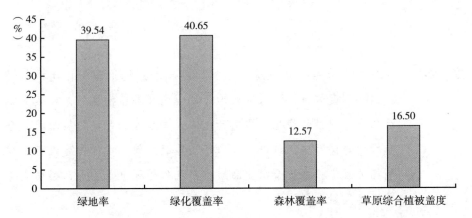

图1　2021年嘉峪关市绿地率、绿化覆盖率、森林覆盖率和草原综合植被盖度

资料来源：嘉峪关市林业和草原局汇总整理后绘制。

（二）加强林草重点工程管理　推进林草生态建设

实施森林植被恢复人工造林工程和人工造林项目灌溉水源工程，营造以梭梭、柽柳、沙棘、沙枣等为主的植被恢复人工造林 376.7 公顷，修建 80 万立方米中水回用调蓄水池一座，铺设输水管线 2.7 公里。其中，森林植被恢复人工造林管线工程全部完工，树坑开挖完成率为 86.6%，造林工程后续建设正在积极推进，植被恢复人工造林拟计划于 2023 年全部完工；加大沙化土地保护力度，加强市域西北面重点区域沙化土地治理，着力推进公益林保护、城乡退化林地修复、疏林地管护和修复工作，完成防风固沙林 87 公顷，完成退耕还林自查验收、森林抚育 146.7 公顷，完成退化防护林修复项目 266.7 公顷实施地点及修复措施的踏查落实等前期工作，积极做好草湖国家湿地公园保护与管理工作。制定完成《草原生态修复治理项目实施方案》及资金使用计划，做好草原生态修复工作。

（三）加快推进绿化品质提升　建设宜居美丽雄关

强基础、补短板，提升城市绿化品质，对城市公园、景区、绿地、重要路段等区域全面开展提质增效活动。完成雄关公园基础设施提升改造，市区绿化新建、补植，旅游公路（雄关大道至嘉文路）道路两侧绿化等项目。完成城区主要出入口和重点公共区域的立体图案美化和摆花造景工作，修复立体植物雕塑 10 组，新建组合式花坛 542 组，累计摆放鲜花 55 万盆。在雄关广场、机场及火车南站新建面积 500 平方米并以"建党 100 周年"为主题的立体植物雕塑。对公园景区的各类设施进行检查维护和保养，加强日常绿化养护监管，做好景区公园的湖面巡察和园区的卫生保洁工作。

（四）强化绿地精细管理　让城市更加有颜值

依据《甘肃省城市园林绿地养护管理标准》，进一步完善《嘉峪关市绿地养护管理考核实施细则》《嘉峪关市绿地养护质量考核标准》等相关管理制度，着重细化绿地养护质量标准、检查考核评分细则，做到养护有标准、考核有依据，全面提升绿化管护水平。实施"网格化"管理工作模式，实行定人、定时、定岗、定责、定标准、定奖惩的管理体系，对网格内的保安、保洁、绿化养护、设备设施等实行动态、有效、全方位的监管。通过实施网格化管理，实现"有事及时解决、有责无可推卸"的责权清晰的管理目标，提高绿地的精细化管理管护水平和服务水平，提升城市颜值。

（五）加强林草资源管理　巩固绿化成果

开展林草资源保护执法巡查 51 次，组织多部门联合执法检查 3 次，救助野生动物 45 只；做好林木种苗和绿化种苗的产地检疫工作，检疫调出苗木 9.5 万株，核准调入苗木 48.9 万株、木材 252 立方米，产地检疫率达100%；持续推进林业有害生物统防统治工作，全市防治面积 4000 公顷；完成全市 6 棵古树名木普查认定、发布及保护工作；制定嘉峪关草湖国家湿地

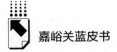

公园监测工作方案，认真开展植被、动物及水文的外业监测。加强森林草原防火工作，悬挂宣传横幅 12 条，出动宣传车 10 余次，印发普法宣传单 7000 余份，为三镇配发灭火工具 280 把（个），全面实行扫防火码，增强火灾溯源监测能力。

（六）加强生态安全检查　保护林草资源安全

对公园景区、国有苗圃、公益林管护区等人为活动频繁的地段进行督查，切实做好森林防火工作的督促检查，做到防患于未然，确保生态安全。在重点管护区、旅游景区设立永久性防火宣传标志，提高广大群众和游人的森林防火意识。加强森林草原防火实战演练，增强森林草原应急能力。利用秋冬季节，开展森林草原消防演练，为参加演练人员及群众重点讲解火灾的预防及初期火灾扑救方法以及灭火设施使用、疏散逃生等常识，详细示范灭火器的正确使用方法，提高参训人员对基本灭火设施的实际操作和应急救援能力。

二　生态建设的短板

一是受国土空间的限制，扩绿增绿空间有限，用地用水矛盾日益突出，且立地条件差，缺乏种植土，生态建设投入成本越来越高，融资压力大。二是林草资源保护与区域经济协同发展存在一定难度。嘉峪关市土地面积小，区域经济发展空间逐年减少，可利用土地存量不足，林草资源总量持续增加，保护力度不断加大，国民经济发展和生态环境保护面临巨大压力。三是绿化品质亟待提升。城市园林绿化总量较大，但高质量的园林精品数量少、公园绿地配套基础设施不完善、园林绿化设施陈旧，节水效能低、城市生态灌溉配额不足、新建项目资金需求量大，市区南北绿地分布不均衡，口袋公园少，与人民群众对美好生活的需要仍有差距。四是管理水平仍有待提高。一方面精细化不足。城市园林绿化养护部分采用了市场化承包的形式，因养护费用偏低，养护方式较为粗放。另一方面林草资源管理智慧化程度不高。

林草工作在智慧化管理上处于尝试阶段，在智慧园林监测、管理和服务上没有形成体系化建设。五是农村绿化管护资金投入不足。农村绿化在水费、后期管护方面资金短缺，加之农林争水矛盾日益突出，乡村绿化成果巩固有难度。

三　生态建设的对策建议

（一）科学编制林草资源保护发展规划

坚持规划引领，推动林草保护发展规划与城乡绿化规划、国土空间规划、城市总体规划相衔接，完成林业草原保护发展"十四五"规划、防沙治沙规划、林地保护利用规划、自然保护地总体规划的编制及修编工作，做好林草数据与国土三调数据的融合，形成与国土三调数据相一致的林草资源数据库。

（二）持续推进绿化品质提升和精细化管理

强基础、补短板，推进为民办实事项目。提升道路绿化档次，实施机场路绿化改造、市区绿地补植补造项目；加大水资源节约利用力度，实施城市园林绿化节水系统改造工程，增加城市生态灌溉配额；进一步提升居住小区绿化水平，对现有部分老旧小区和公共绿地进行补植复壮，优化公园景区服务功能，全面升级城市绿化品质，实施街头绿地、口袋公园等小微公园建设与改造，完善东湖生态旅游景区、和平公园绿地服务功能，增强全市人民绿色获得感。健全和完善管理制度，细化绿地养护质量标准、检查考核评分细则；探索引进具有丰富管理经验和科学管理体系的企业，对公园景区进行养护管理，提升公园景区管理水平；加快智慧园林平台建设，在园林监测、管理和服务上提档升级。

（三）强化林草资源管理

严格林草地及自然保护地用途管控，加强对国有林地、草地、自然保护

地、封滩育林地、集体林地等保护管理，加大对违法猎捕野生动物等破坏林草资源违法行为的查处力度。严格执行森林采伐限额管理制度，加大项目建设征占用林草地的事前、事中、事后的监督检查力度，坚持凭证采伐，确保使用林草地合法合规。加强有害生物统防统治，按照"属地管理、属地除治"的原则，着力落实好《嘉峪关市光肩星天牛综合防控"三年攻坚"行动方案》《嘉峪关市林业和草原局林业有害生物统防统治实施方案》等重大林业有害生物统防统治方案要求，加强对松材线虫病的预防，减少灾害损失。积极开展《森林法》《防沙治沙法》《森林防火条例》等法律法规的宣传活动，加强野外火源管理，扩大防火宣传面，增强全民防火意识。

（四）全面推进林长制工作

全面推进林长制工作，制定《嘉峪关市林长制考核制度》《嘉峪关市林长制巡林护林制度》等相关制度。强化林长制实施情况和林长履职情况的督查检查、考核问责，强化考核结果运用，将林长制工作纳入领导干部年度考核和绩效评估考核内容，以督查考核推动各项工作全面落实、取得实效。争取嘉峪关市全面建成运行规范、权责清晰、协调有序、监管严格、保护有力的林草资源保护管理体制和运行机制。

企业案例篇
Enterprise Case

B.26

2021年酒钢集团公司发展
情况分析及预测

宋振祖　赵永杰*

摘　要： 酒钢集团公司充分发挥龙头作用，聚焦"三新一高"发展要求，坚定不移地实施资源保障、资本运营、创新驱动、改革统揽、国际化经营、和谐发展"六大战略"，做强做精钢铁产业，做优做活有色产业，培育形成电力能源产业经济可靠运行、装备制造产业特色产品突出、生产性服务业和现代农业自我发展能力较强的协同发展新格局。进入新的发展阶段，酒钢集团公司通过盘活存量、引入增量、提高质量、增强能量、做大总量，圆满完成各项目标任务，创造了历史最好业绩，实现了"十四五"高质量发展"开门红"。

关键词： 酒钢集团公司　高质量发展　支柱产业　三新一高

* 宋振祖，嘉峪关市委政策研究室副主任、市委财经办副主任，主要研究方向为政治经济学；赵永杰，酒泉钢铁（集团）有限责任公司发展规划部计划统计室经理，主要研究方向为企业发展规划。

一 酒钢集团公司发展概况

酒泉钢铁（集团）有限责任公司（简称"酒钢""酒钢集团""酒钢集团公司"）始建于1958年，是国家规划在西北地区建设最早、规模最大、黑色与有色、电力能源并举的多元化国有全资企业集团。酒钢集团公司现有职工3.5万人，资产总额1120亿元。2021年是中国共产党成立100周年，也是酒钢集团公司上下凝心聚力、强基固本、抢抓机遇、奋勇争先的一年。2021年，酒钢集团公司列中国企业500强第196位、中国制造企业500强第84位；生产钢材870.4万吨、电解铝163.6万吨，完成发电量216.1亿千瓦时；实现营业收入1169.4亿元，同比增长2.5%；完成工业总产值935.3亿元，同比增长31.9%；实现利税88.5亿元，其中利润60.2亿元，达到建厂以来最好的水平（见图1）。在全国86家大中型钢铁企业中，酒钢集团公司收入排名第18位，利润排名第20位。同时，全面完成省政府国资委下达的40项改革任务。160项经营管理对标指标进步率在70%以上。全年科技投入强度2.7%，开展科技项目333项，完成技术经济指标攻关23项；科技成果转化率为68.6%，受理专利473件，其中发明专利为122件；获得省科技进步奖4项、省专利奖3项，主编参编国际、国家、行业标准14项。

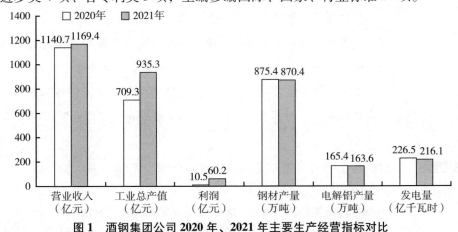

图1 酒钢集团公司2020年、2021年主要生产经营指标对比

资料来源：酒钢集团公司汇总整理后绘制。

二 支柱产业现状分析及未来预期

（一）钢铁产业

2021年，酒钢集团公司钢铁产业实现收入486.7亿元，同比增长31.4%；产值495.9亿元，同比增长30.6%；盈利18.6亿元，同比增长14.7亿元；钢材产量870.4万吨。拥有嘉峪关本部、兰州榆中两大钢铁生产基地及完整的炼钢、热轧、冷轧全流程不锈钢生产线，具备年产粗钢1105万吨（不锈钢120万吨）的生产能力，成为西北地区实力强劲、装备优良、影响力深远的钢铁联合企业。同时，借助不锈钢生产体系的完整性和装备先进性，酒钢集团公司形成了国内一流的钛、锆、镍材加工能力。不锈钢430冷轧产品、2507超级双相钢、超纯净低磁导率奥氏体钢、核电用钢等产品均已达到国内领先水平。目前，酒钢集团宏兴钢铁股份有限公司是国内6Gr13高端马氏体不锈钢、铁素体抗菌不锈钢、高端手机用不锈钢、中微子低本底专用不锈钢等特殊用途不锈钢唯一生产厂家，研发应用的高耐蚀碳钢锌铝镁产品实现了我国在高耐蚀领域产品"零"的突破，填补了国内空白，打破了同类产品国外长期垄断的局面。

（二）有色产业

2021年，酒钢集团公司有色产业实现收入308亿元，同比增长2.5%；产值342亿元，同比增长37%；盈利56.8亿元，同比增长43.8亿元；电解铝产量为163.6万吨。有色产业拥有氧化铝、电解铝、铝加工三大产业板块。其中，氧化铝产能为165万吨，电解铝产能为170万吨，并配套建成1400MW装机容量的自备电厂，主要产品为重熔铝锭及商品铝液；铝加工板块具备年产铝板带材60万吨的生产能力。酒钢集团公司已形成"氧化铝—煤电—电解铝—铝加工"完整产业链，产能规模居国内第6位，是当前国内铝工业产业链最完整的铝产业企业之一。其子公司东兴铝业公司的"甘

铝"牌重熔用铝锭被授予"2021年甘肃好品牌——最具影响力产品品牌"。该公司被嘉峪关市授予"文明单位"荣誉称号;被甘肃省市场监管、税务等单位授予"诚信单位""信贷诚信企业""纳税先进企业"等荣誉称号,是甘肃省政府重点支持发展的工业骨干企业之一。酒钢集团公司多项关键指标均具有行业领先水平,其多次被授予"年度中国铝产业最具竞争力企业""企业信用评价AAA级信用企业"等荣誉称号,被科技部认定为国家级高新技术企业。

(三)未来预期

2022年,酒钢集团公司坚持"安全第一、生态优先、质量至上、效益为本"的生产经营方针,计划实现营业收入1200亿元、产值1012亿元、利润23.5亿元、钢材1035万吨、电解铝163万吨、铝加工材50万吨、发电量220亿千瓦时、固定资产项目投资53.27亿元,科技投入强度在3%以上。

三 酒钢产业发展面临的挑战

(一)产业政策约束力度持续加大,企业生产经营受到严重影响

自酒钢集团公司严格落实2021年粗钢产量压减政策后,企业连续两年产能利用率仅为79.2%,约230万吨核准粗钢产能无法消纳。2021年10月~12月,8座高炉仅剩2座在生产,榆钢除焦炉外全部停产,对安全生产、经营秩序、队伍稳定及区域经济造成极大的冲击。在限产模式下,全年钢材产量较满负荷生产模式减少211.9万吨,预计2022年收入减少110亿元、产值减少120亿元、利润减少9亿元;对企业顺利完成年度经营业绩考核指标造成较大影响,对全省工业经济稳增长、"六稳"、"六保",以及企业未来发展造成一定冲击。

（二）创新发展能力不强，主业劳动生产率不高

作为基础原材料制造企业，酒钢集团公司的发展高度依赖技术创新驱动，但公司研发投入精准度与实效性不高，产学研用联动机制有待加强。企业经营基础不牢固，转型升级缓慢，主导产业的劳动生产率较先进企业有较大差距。

（三）"两头在外"成本劣势突出

酒钢集团公司地处内陆，远离消费中心和原材料主产区，外部运输方式单一，加之疫情严重冲击，原材料采购及产品销售成本受到突出影响。特别是在企业产品同质化竞争阶段，企业盈利能力被严重削弱。

四　提升企业综合竞争力的重点举措

（一）坚守红线，严守底线，迈上生产经营平稳新台阶

1. 慎终如始抓好疫情防控

坚持人民至上、生命至上，全面落实"内防反弹、外防输入"总策略，坚持"人、物、环境"同防，落实"四早"要求，加强重点场所管控，做好防疫物资储备工作，开展疫情防控应急演练活动，维护全体职工身体健康，确保生产经营平稳有序进行。

2. 加强本质安全体系建设

全面落实"双重预防机制"和危险源分级管控机制，加强重大危险源管控。坚持"功夫下在现场，基础打在班组"，把人员无失误、设备无故障、系统无缺陷、管理无漏洞作为安全管控目标，努力实现本质安全。全面完成安全生产专项整治三年行动各项任务，保障66项问题隐患全部"清零"。

3. 全面启动碳达峰工作

贯彻落实《中共中央 国务院关于完整准确全面贯彻新发展理念做好碳

达峰碳中和工作的意见》和《国务院关于印发 2030 年前碳达峰行动方案的通知》，酒钢集团公司编制完成《碳达峰碳中和实施方案》，制订年度工作计划，科学合理地设定指标，充分挖掘降碳潜力，最大限度地争取碳排放配额，研究碳交易市场，推进减污降碳协同增效。

（二）乘势而上，锚定目标，迈出高质量发展新步伐

1. 钢铁板块

钢铁板块要充分发挥合规产能，推动全产业链经济效益测算模型落地见效，优化调配两地资源，铁钢平衡更加灵活高效，经济指标进一步提升，确保全面完成年度经营目标任务，充分发挥保增长、增效益的"头雁效应"。

2. 铝板块

铝板块要不断完善生产经营管控体系，将电解铝完全成本控制在行业平均水平以下；坚持产运销"一盘棋"，把握市场节奏；抓好期货市场动态监控，确保期货保值；优化检修周期，电解槽全年开启率不低于 97%，不断夯实低成本运行基础。铝材加工要建立产品开发、生产、销售一体化运行体系，提升高附加值产品比例，建立战略客户销售渠道，实现利润最大化目标。

3. 电力能源板块

电力能源板块要结合煤炭供应结构调整，开展经济配料技术攻关，优化锅炉燃煤掺烧比例，保持机组长周期、满负荷安全稳定运行，降低自发电成本，为钢铁、铝业提供重要支撑。

4. 加强保障稳基础

强化资源保障，镜铁山矿完成产量 900 万吨，采购镜铁山周边矿 60 万吨。稳定资源采购战略渠道，主要原燃料战略保供比例不低于 80%。开展战略性矿产资源找矿行动，M1033 铁矿复产项目启动，全面推进郭家台焦煤、杨岭铁矿、新疆三塘湖煤炭、灵台独店煤炭等资源开发利用。

5. 对标对表强质量

以行业规范、限额为底线，以降低成本为目标，大力开展节能降耗和经

济技术指标提升行动。力争本部、榆钢焦比分别控制在 420 千克/吨、400 千克/吨以下，铝液综合交流电单耗控制在 13640 千瓦时/吨以内，供电煤耗控制在 311 克/千瓦时以内，新能源装备制造利润率高于行业平均水平。

6. 争取政策促增长

认真研究中央经济工作会议提出的有利于经济稳定的"七大政策"，根据央行降准降息及时调整融资利率，积极对接新的减税降费政策，努力参与国家产业基础再造工程，主动提供电网改革的"酒钢案例"。结合甘肃省"1+N+X"政策体系，① 推进"两化"专项攻坚行动。

（三）深化改革，增强活力，完善和提升治理体系与治理能力

1. 提高法人治理水平

持续优化完善以公司章程为核心的公司法人治理制度体系，常态化推进重大事项决策闭环管理。加强子企业治理体系建设，治理主体应建尽建。依法落实 6 户试点子企业董事会各项职权。深化分类改革，推行分类核算、分类考核，"一企一策"调整优化混合所有制子企业管控模式。

2. 提升资本运营效率

完成西部重工北交所上市，择机推动酒钢宏兴资本运作，推进东兴铝业、祁牧乳业上市工作，剥离宏晟电热公司非主业投资，完成临泰公司混改工作，实施股权投资后评价。

3. 提升市场化经营质量

在持续完善绩效考核管理、量化考核指标的同时，进一步加强自律和协同，根据市场变化合理安排生产，调整优化品种结构，深入开展对标挖潜，强化资金管理、库存管理、基础管理，加快核心技术攻关，多措并举提升运营效率和经营质量。

---

① 《一图读懂甘肃省打好产业基础高级化产业链现代化攻坚战专项行动"1+N+X"政策体系》，甘肃省工业和信息化厅网站，2021 年 4 月 8 日，http://gxt.gansu.gov.cn/gxt/c114614/202104/3c8efe3a8cfe4fb394d861df9cce05f6.shtml。

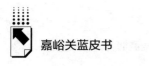

（四）科技引领，创新赋能，打造产业链新优势

1. 以结果导向开展科技攻关

实施科技项目300项，科技成果转化率在65%以上。立足"双碳""双控"目标，大力开展绿色低碳技术研究与应用，实施高炉喷吹焦炉煤气技术应用研究、煤基氢冶金绿色短流程制钢新工艺等重大科技专项。实施引领产业发展的重大原始创新科技项目，开展转炉底喷粉工艺技术研究。加强自有矿山和周边矿产资源的开发与利用研究，重点开展黑沟矿西部无名矿体成矿研究、镜铁山桦树沟深部铜矿膏体充填技术研究等项目。

2. 以问题导向改革科技体制

制定科技体制改革三年行动实施方案，健全完善"建机制、搭平台、抓项目、促发展"的科研机制和创新体系。推进科技工作"631"计划，推行重大科研任务"揭榜挂帅""赛马""军令状"制度。改革科技奖励制度，提升科技工作质量，让应用价值大的成果获得应有激励。加强知识产权保护和运用，实现专利受理量460件，其中发明专利占比为20%。优化科技创新生态，弘扬创新精神，实施有利于技术人员潜心研究和创新的管理模式，更好地释放创新潜能。

3. 以协同导向开展技术合作

加强基础性工艺技术研究，形成一批独创的研究成果。发挥创新联合体平台作用，加快推进重点科技项目。联合冶金工业信息标准研究院，开展国际标准、行业标准编制工作。积极引进行业"三化"改造成熟技术。加强与中科院兰州"一院三所"等科研院所合作，新签订合作项目在10项以上，全年转化落地重大科技项目在2项以上。推进科研实验室建设，积极争创"低品位难处理铁矿资源综合利用国家重点实验室"。

（五）大抓项目、抓大项目，掀起重大项目建设新高潮

1. 全力推进重点项目建设

坚持"发展是第一要务，项目是第一支撑"的理念，加快续建新建项

目启动，省列重点本部 1 号 2 号焦炉优化升级建设项目的 1 号焦炉、2 号焦炉先后于 2021 年 10 月 15 日、12 月 31 日出焦。本部炼铁工艺装备"三化"升级改造项目开工建设。桦树沟矿区 V 矿体单独输出、不锈钢新增罩式炉等 27 个项目建成投运。

2. 持续推进"三化"改造

推进集智能工厂、智能运营、智能装备于一体的智能制造体系建设，实施西沟矿"5G+智慧矿山"、2×30 万千瓦机组"智慧电厂"、碳钢冷轧"智能库房"、储运部嘉东"智能料场"等建设项目，建成 6 个智能工厂、数字化车间。加快构建可视化数字"孪生酒钢"，建设数字酒钢三维地理信息平台、生产经营管理驾驶舱，应用数字化手段提升决策效率。按照场景驱动、示范推广原则，全面推广信息化技术在生产、仓储、物流、计量、质检等环节的应用，打造酒钢工业互联网平台。

（六）转型升级，打造集群，抢抓融入新发展格局新机遇

1. 做精做强钢铁产业，加快装备升级改造

提升常规产品质量控制能力，突破新产品关键核心技术，补齐产业短板。做强新能源材料，做大高端制造业新材料，精深加工产品产值占比在 28% 以上，锻造产业长板。依托汇丰公司，打造综合性金属产业园区；开展煤气、煤焦油深加工前期工作，探索发展钢化联产产业，延伸产业链条。

2. 做优做活有色产业，打造铝产业链

根据疫情变化情况，择机启动牙买加阿尔帕特氧化铝升级改造项目，完成电解槽阴极全石墨化结构优化项目三期工程；引进陇西 30 万吨电解阳极碳素项目和天成彩铝 10 万吨彩铝、10 万吨箔材项目。围绕新能源汽车用铝等行业发展趋势，论证启动热连轧高精铝板带生产线、电池箔双零箔坯料等项目，不断提高产品附加值。

3. 优化调整能源结构，打造电力能源产业链

加快建设酒钢智慧电网及新能源就地消纳示范项目，在已开工的金塔白水泉 20 万千瓦光伏发电基础上，开工建设金塔北山风电、玉门红柳泉风电

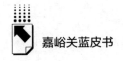

和配套输变电工程，全年形成 50 万千瓦新能源装机容量。推进智慧电厂建设，开展机组 DCS 升级、锅炉燃烧器智能、集中监控等改造工作，提升机组运行系统信息化、智能化水平。提高能源综合利用效率，实施酒钢集团—酒泉市肃州区热电联产集中供热项目。

4. 抢抓新能源发展机遇，打造装备制造产业链

建设下料服务中心和备件制造服务中心，提升冶金装备产品制造能力。建设法兰生产基地，具备风力发电机组配套锻件产品制造能力。持续推进 3D 打印智能铸造工厂建设，具备中高端铸件 600 吨/年、精密铸造件 1000 吨/年的生产能力。

5. 加强地企协同发展，促进区域经济增长

通过联合招商，助力打造嘉峪关国家高新技术产业开发区，推进酒嘉双城经济圈发展。积极融入榆中生态创新城建设，以榆钢公司为主体，引进优质合作方，加快建设酒钢兰州工业园区，助力"强省会"行动。参加进博会、兰洽会，加强在技术创新、资源保障、现代农业等领域对外合作，共建项目、共谋发展、共享成果。

Abstract

Annual Report on the Economic and Social Development of Jiayuguan (2021-2022) is compiled by the Policy Research Office of Jiayuguan Municipal Party Committee. It is a comprehensive research report aimed at analyzing and summarizing the current development situation of Jiayuguan and predicting the future development of Jiayuguan.

The whole book includes seven sections, including the general report, economic development, cultural industry, social undertakings, deepening reform, urban construction, and enterprise cases. According to the macro form changes and the economic and social development practice of Jiayuguan City, each section selects the key, hot spots and areas of high social concern as the research object, and scientifically and rationally summarizes the economic and social development of Jiayuguan in 2021. This paper thoroughly analyzes the current development situation of the industry, and puts forward targeted suggestions on improving the quality and efficiency of Jiayuguan's economy, cultural industry, social undertakings, reform and development, urban construction, etc.

The research reports of *Annual Report on the Economic and Social Development of Jiayuguan* (2021 - 2022) objectively present the overall picture of Jiayuguan's economic and social development. It is believed that Jiayuguan has achieved steady economic development, made new progress in urban construction, made significant progress in social undertakings, strengthened people's livelihood security, and made achievements in deepening reform. Each report focuses on the main issues and focuses on development hotspots. It adopts various research methods such as theoretical research, field research, quantitative analysis and qualitative analysis. It

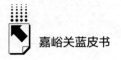
嘉峪关蓝皮书

is a collection of reports that integrates science and practice and reflects active practice and innovation.

Keywords：Economic and Social Development; Urban Construction; Jiayuguan

Contents

I   General Report

B.1   Analysis and Prediction of the Economic and Social

       Development Situation of Jiayuguan in 2021–2022

Niu Ben，Wang Haokai / 001

Abstract：Jiayuguan comprehensively promotes the prevention and control of the COVID－19 and economic and social development in 2021, focuses on strengthening the overall planning of key work, prospectively plans the layout of key industries, actively seizes major development opportunities, and comprehensively improves the level of cooperation between local enterprises. The economic and social development shows a good trend of steady progress and good quality improvement. This report suggests that in 2022, based on the functional positioning of "three places and two points", Jiayuguan should strengthen the drive of scientific and technological innovation, comprehensively speed up project construction, speed up industrial expansion and quality improvement, promote the integration and efficiency increase of three industries, further promote rural revitalization, deepen the reform in key areas, spare no effort to promote high-quality economic and social development, strive to build a provincial sub center,

and build a Western Star City.

Keywords: Economic and Social Development; Innovation Driven; High-Quality Development; Jiayuguan

II Economic Development

B.2 The Analysis of Fixed Assets Investment in Jiayuguan in 2021

and the Prospect in 2022　　　　*Niu Ben, Zhang Xiaoying* / 011

Abstract: Driven by investment in industrial and real estate development, the growth rate of fixed assets investment in Jiayuguan in 2021 showed an inverted "V" growth trend. However, the reserves of reserve projects, especially the leading and driving major projects, are insufficient, private investment is weak, and the pressure for sustained investment growth is still great. In 2022, under the condition that the stable investment policy continues to increase its strength, Jiayuguan City needs to focus on industrial investment, private invest-ment and infrastructure investment, pay more attention to investment benefits, and constantly optimize the investment structure to promote economic growth through effective investment.

Keywords: Fixed-assets Investment; Industrial Investment; Effective Investment

B.3 Analysis and Forecasts on Jiayuguan's Financial

Performance in 2021　　　　*Han Yaowei, Li Hongyan* / 019

Abstract: In 2021, Jiayuguan's financial work has focused on high-quality development, focusing on the three major tasks of serving the real economy, preventing and controlling financial risks, and deepening financial reform, giving full play to the functions of financing, support and guarantee, and expanding the scale of credit lending, the ability of financial services has been steadily improved, the channels for connecting government funds with enterprises have been more unimpeded, and the financial ecological environment has been continuously improved. However, there are still some problems such as the coexistence of financing difficulty and financial risk pressure. It is suggested that the local economic development capacity of financial services should be further enhanced to promote high-quality development of the financial sector, starting from comprehensively increasing credit, deepening the integration of industry and finance, and continuously improving the financial environment.

Keywords: Financial Environment; Financing Services; Financial Risk

B.4　Development of Non-public Economy in Jiayuguan
in 2021 and Suggestions　　　*Zhu Wanjia, Zhang Na* / 025

Abstract: In 2021, the non-public economic development of Jiayuguan will show a trend of continuous expansion in scale and gradual improvement in quality, which will provide important support for the high-quality economic development of the whole city. However, due to the impact of the economic and social development environment since the epidemic and the restriction of Jiayuguan's industrial structure dominated by heavy industry, the overall strength of the city's non-public economy is not strong enough, the degree of intensification is not high enough, the industrial chain is relatively short, and the development is still difficult. This report focuses on the analysis of the current situation and characteristics of non-public economic development in Jiayuguan in 2021. On the basis of analysis and comparison, it constructively puts forward suggestions on strengthening policy support for small and medium-sized enterprises, accelerating the creation of a first-class business environment, strengthening the introduction and training of highly skilled talents, and supporting technological innovation of the private economy.

Keywords: Non Public Economy; Private Economy; Small and Medium-sized Enterprises

B . 5   Jiayuguan's Fiscal Position and Forecast in 2021

Yan Panxia, *Tan Shouyi* / 031

Abstract：In 2021, Jiayuguan's financial sector has firmly grasped the general principle of pursuing progress while maintaining stability, we will fully implement the proactive fiscal policies of the central and provincial governments, we should persist in taking multiple measures and take concrete actions, pay close attention to the administration of expropriation, optimize the expenditure structure, we will strengthen financial supervision, we will comprehensively deepen the reform of the fiscal system and mechanism, to safeguard and improve people's livelihood, the role of services in economic and social development was further highlighted. In 2022, Jiayuguan will closely focus on the functions of "three places, two points", keep a close eye on the goal of "building the provincial deputy center and building the star city in the west", we will further improve our ability to provide financial support and strive to promote high-quality socioeconomic development.

Keywords：Budgetary Revenue and Expenditure；Increase Revenue and Cut Expenditure；Financial Regulation

B . 6   Jiayuguan's Tax Revenue Situation and Work

　　　　Countermeasures in 2021

Yan Panxia, *Wang Guomin and Fu Xiaoyan* / 040

Abstract：In 2021, Jiayuguan earnestly implemented the spirit of the city's economic work and the provincial tax work conference, resolutely implement various preferential tax policies, make every effort to organize various tax revenue, tax revenue approached the 7 billion yuan mark, the scale of income reached a new high, social security fund revenue, non-tax revenue and other revenue reached the target, the vitality of market subjects has been effectively stimulated, making positive contributions to the economic and social development of the city. This paper analyzes the factors of tax increase and decrease, find out the existing problems and put forward countermeasures and suggestions, we will continue to make positive contributions to local economic and social development.

Keywords: Tax Revenue; Factors of Increase or Decrease; Tax Service

B.7 Development and Forecast of Agricultural Industry in
Jiayuguan City in 2021 *Yang Pinggang, Zhang Qiyan* / 048

Abstract: In 2021, Jiayuguan has focused on optimizing the agricultural industry structure, promoting the construction of key projects, strengthening technical guidance services, strengthening supervision and spot checks, expanding agricultural product sales channels, and comprehensively deepening rural reforms to implement the rural revitalization strategy. However, there are still factors such as insufficient cultivation of characteristic and advantageous industries, weak leading role of leading enterprises, and weak brand influence of agricultural products. In 2022, Jiayuguan will make every effort to supply food and important agricultural products, continue to promote the construction of key projects, strengthen the support and application of modern agricultural equipment, vigorously develop modern agricultural industries with characteristics, strengthen rural revitalization financial services, and promote the integrated development of primary, secondary and tertiary industries, to ensure the stable and increased agricultural production, the steady increase of farmers' income, and the stability and tranquility of the countryside.

Keywords: Modern Agriculture; Agricultural Industry; Peasants Increase Income

B . 8　Analysis on the Economic Development of Channel Logistics

　　in Jiayuguan in 2021　　　　　*Yu Fenyong*, *Liang Yanchun* / 058

Abstract：This paper summarizes the background of the development of the channel logistics economy in Jiayuguan and the development of the channel logistics economy in 2021. It also briefly analyzes the existing problems and opportunities. In 2021, Jiayuguan makes positive achievements in promoting the construction of driving projects, actively cultivating the third-party logistics enterprises, and accelerating the modernization of the city's logistics. It is suggested to actively promote the integration of modern channel logistics economy into the development pattern of Jiayuguan by building a dry port economic system, actively integrating into the "the Belt and Road" western land and sea new channel, and strengthening the cultivation of modern logistics industry.

Keywords：Channel Logistics；Logistics Economic；Transportation

B . 9　Analysis and Suggestions on the Development of New

　　Energy Industry in Jiayuguan in 2021

　　　　　　　　　　　Yang Dianfeng, *Zhao Xiaoyan* / 065

Abstract：In 2021, Jiayuguan will conscientiously implement the major decisions and deployment of the Party Central Committee and the State Council on "carbon peak" and "carbon neutralization", based on the new development stage, fully, accurately and comprehensively implement the new development concept, focus on the functional positioning of "three places and two points", take accelerating the construction of new energy projects as an important starting point for the city's economic transformation and breakthrough, we will promote the high-quality development of the new energy industry in an orderly manner.

Keywords：New Energy；New Eenergy Industry；New Eenergy Projects

III Cultural Industry

Abstract: In 2021, Jiayuguan will take deepening the structural reform of the supply side of public cultural services as the main line, through improving the construction of public cultural venues, promoting the reform of key tasks in the cultural field, carrying out cultural activities for the benefit of the people, inheriting and protecting intangible cultural heritage and other measures, deeply excavate cultural connotation, constantly improve cultural brands, and strive to build a new pattern of modern public cultural service system.

Keywords: Public Culture; Culture Benefits the People; Service Quality; Cultural Brand

Abstract: In 2021, Jiayuguan will accelerate the development of rural tourism, improve rural tourism infrastructure, cultivate rural tourism formats, improve rural public cultural services, continuously optimize the rural tourism service environment, and promote the overall development of rural tourism. However, there are also some problems, such as unreasonable planning, unclear characteristics, similar development models, and short peak tourism seasons. It is suggested to innovate ideas, develop characteristic rural tourism products, carry out the leading role of demonstration villages, strengthen talent cultivation, and

further promote the upgrading of rural tourism.

Keywords: Jiayuguan; Rural Tourism; Infrastructure; Tourism Industry

Ⅳ Social Undertaking

B.12 The Development and Suggestions of Jiayuguan's Education
in 2021   *Han Yaowei, Zhang Xiaowei* / 085

Abstract: In 2021, the objectives of Jiayuguan's education work are to achieve high-quality development of education. It focuses on key tasks such as educational resources, teaching quality, education reform, the teaching force, policies for the benefit of the people, and school safety, with a clear list of tasks and detailed work measures, good results have been achieved in the implementation of the project item by item. At the same time, they also face the problems of shortage of teachers, unreasonable school layout, and insufficient pay for teachers' performance, it is suggested that we should strengthen the party construction at the grass-roots level, improve the conditions of running a school, improve the quality of running a school, guarantee the treatment of teachers and promote the safety and stability to further promote the high-quality development of education in the city.

Keywords: Education; Education Reform; Construction of Teaching Staff

B.13 Development and Suggestions of Public Health in
Jiayuguan in 2021   *An Qi, Liu Fabao* / 097

Abstract: In 2021, Jiayuguan experienced the severe test of the COVID-19. The whole city responded quickly and made scientific response. The epidemic prevention and control achieved a phased victory. In 2022, the public health of Jiayuguan has reached an important historical juncture. It is necessary to start with standardization, systematization and institutionalization, change the development concept, comprehensively optimize the medical system, deepen the comprehensive medical reform, do a good job in epidemic prevention and control, further strengthen the construction of health infrastructure, improve the level of public health security, and comprehensively promote the high-quality development of medical and health undertakings.

Keywords: Epidemic Prevention and Control; Medical and Health Work; Medical System

B.14 Development of Social Security in Jiayuguan in 2021 and Suggestions *Zhang Zhixing, Chen Yingying* / 108

Abstract: Jiayuguan has continuously improved the multi-level and diversified social security system that covers the whole people, coordinates urban and rural areas, is fair, unified and sustainable, and provides more reliable and adequate security for the broad masses of the people. It is suggested that Jiayuguan city further strengthen the social security network in 2022, fully promote the implementation of the national insurance plan, comprehensively improve the service level of social insurance agencies, strengthen the supervision of social security funds, speed up the legal construction of social security, and promote the high-quality and sustainable development of social security.

Keywords: Social Security; Security System; Social Insurance System

B.15 Development and Forecast of the Construction of Jiayuguan Government Ruled by Law in 2021 *Zhang Zhixing, Cui Chunzu* / 116

Abstract: Based on the actual situation of the construction and development

of the rule of law government in Jiayuguan, this paper summarizes the current situation of the construction of the rule of law government in Jiayuguan, analyzes the existing and foreseeable problems at present and in the future, and provides development ideas and measures for better carrying out the related construction of the rule of law government in the future. It is suggested to plan for construction in the next five years around the overall planning. We will improve the system and improve the quality of major decisions, comprehensively implement the reform of the administrative review system, comprehensively improve the ability to deal with emergencies, and continue to deepen the building of a government ruled by law.

Keywords: Government Ruled by Law; Administrative Law Enforcement; Legal Construction

B.16 Development Situation and Suggestions of Pension Industry in Jiayuguan in 2021

Yu Fenyong, Li Haifei and Cheng Xiaohong / 123

Abstract: In 2021, Jiayuguan will thoroughly implement the national strategy of actively responding to the aging of the population, consolidate and expand the results of the pilot reform of home-based and community-based elderly care services, continue to improve the elderly care service system that integrates home-based and community-based institutions and combines medical care with health care, build two urban street comprehensive elderly care service centers, carry out the transformation of aging facilities for the elderly in difficulty, and meet the growing needs of the elderly for diversified and multi-level elderly care services, however, there are still problems such as the shortage of elderly care personnel, the insufficient role of day care centers, and the accessibility and accuracy of services need to be improved. This report proposes to improve the level of home-based elderly care service, optimize the community elderly care service network, expand the diversified elderly care service space, constantly improve the construction of facilities, deepen the reform of system and mechanism, and promote the accelerated development of pension industry.

Keywords: Pension Service System; Pension Industry; Suitable for Aging

V Deepening Reform

B. 17 Analysis and Prediction of the Development of Jiayuguan
Industrial Park in 2021   *Zhu Wanjia, Tang Xin* / 132

Abstract: As an important carrier for the city's economic incubation, cultivation, concentration and development, Jiayuguan Industrial Park will closely focus on the development goal of "strengthening the city with industry and prospering the district with science and technology" in 2021, promote the construction of key projects with investment and drive high-quality development with innovation. The economic development of the park will achieve the basic characteristics of stability, improvement and quality improvement. However, there are still practical problems such as the shortage of land resources and the insufficient role of investment and financing platforms. Through analysis and comparison, this paper proposes forward-looking countermeasures and suggestions to speed up the establishment of national high-tech zones, promote the development of industrial clusters, and improve the service guarantee capacity, aiming to promote the high-quality transformation and development of industrial parks in an all-round way under the guidance of new development concepts.

Keywords: Industrial Park; Attract Investment; Technological Innovation

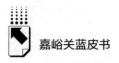
B . 18   Analysis and Suggestions on the Reform of State-owned
Enterprises in Jiayuguan in 2021

An Qi, Ren Zhifang and Xie Fengzhi / 139

Abstract: In 2021, with the goal of maintaining and increasing the value of state-owned assets and the main line of deepening the reform of state-owned assets and state-owned enterprises, the state owned assets supervision and Administration Commission of Jiayuguan municipal government continuously improved the state-owned assets supervision system and mechanism, vigorously integrated and optimized state-owned capital, continuously improved the vitality and competitiveness of municipal state-owned enterprises, and maintained a good momentum of development of the state-owned economy. However, there are still some problems such as weak development foundation of state-owned enterprises, unreasonable optimization and layout of state-owned capital, and low quality of reform of state-owned enterprises. In 2022, Jiayuguan will continue to make efforts in promoting optimization and adjustment of state-owned assets structure, building a modern state-owned assets industrial system, improving and perfecting the modern enterprise system with Chinese characteristics, improving the quality of operation and management personnel, improving the supervision ability of state-owned assets, and strengthening the party building of state-owned enterprises, accelerate the high-quality development of municipal state-owned enterprises.

Keywords: State-owned Enterprise; State-owned Assets; Enterprise Reform

B . 19   Development of Big Data Industry and Suggestions
in Jiayuguan in 2021

Yang Dianfeng, Hu Jie / 148

Abstract: In 2021, Jiayuguan actively promoted the docking manage-ment of big data platform, government information data sharing, urban brain project and digital government construction. Digital information technology and economic and social development are deeply integrated, and digitization has made remarkable achievements in industrial development, urban management and other fields. In 2022, under the guidance of the province's "strong science and technology" action, Jiayuguan will take multiple measures to build a high-speed and stable network system, cultivate the growth point of the information industry, consolidate the industrial Internet infrastructure, and promote the digital transformation of the manufacturing industry, so as to provide strong assistance for comprehensively accelerating the construction of a smart city and a digital government.

Keywords: Big Data; IT Industry; Digital Transformation

B. 20　Scientific and Technological Innovation and Suggestions in Jiayuguan in 2021　　*Song Zhenzu, Ran Haiyan* / 155

Abstract: Since 2021, Jiayuguan deeply implemented the innovation driven development strategy, improved the innovation policy system, continued to deepen regional innovation cooperation, accelerated the cultivation of scientific and technological innovation subjects, and continuously optimized the scientific and technological innovation environment. This report suggests that in 2022, Jiayuguan should firmly implement the innovation driven development strategy based on the functional positioning of "three places and two points", and provide strong scientific and technological support for building a provincial sub center and building a western star city by deepening the reform of the scientific and technological system, optimizing the layout of scientific and technological development, coordinating advantageous innovation resources, and widely gathering innovative forces.

Keywords: Innovation Driven; Strong Science and Technology; Technological Innovation

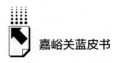
嘉峪关蓝皮书

B.21 Analysis and Forecast of Investment Attraction in Jiayuguan
in 2021 *Li Yansheng, Zhang Xuebin* / 163

Abstract: Investment attraction is a basic project for shaping a modern industrial system and promoting high-quality development. In 2021, Jiayuguan has made certain achievements in attracting investment, but there are also some difficulties. Based on this, the report recommends that Jiayuguan should rely on its advantages in industry, location and policy, innovate measures and methods for investment promotion, strengthen joint investment promotion of local enterprises and industrial chain investment promotion, comprehensively improve the quality and efficiency of investment promotion, and provide strong support for high-quality economic and social development.

Keywords: Attract Investment; Real Economy; Business Environment

B.22 Analysis and Prediction of Regional Coordinated
Development in Jiayuguan in 2021

Li Yansheng, Wang Haokai / 172

Abstract: Promoting regional coordinated development is one of the key development directions of the "14th five year plan" and one of the major strategic issues of the modernization drive. Jiayuguan will conscientiously implement the deployment and arrangement of Gansu provincial Party committee and provincial government to promote regional coordinated development, accelerate the construction of Jiuquan-Jiayuguan Economic Circle, and make coordinated development in such fields as strengthening advantageous industries, infrastructure interconnection, people's livelihood exchange and cooperation, and integrating market resources, so as to create a leading area of regional linkage development in the whole province and an important growth pole in western Gansu.

Ⅵ Urban Construction

Abstract: Starting from the actual development of water conservancy in Jiayuguan, from water resources, water engineering, water and soil conservation, river and lake management other aspects the current situation of water conservancy work in our city is carefully analyzed, the problems affecting the high-quality development of water conservancy and effective solutions are summarized, it provides ideas and ways for the water conservancy industry to provide effective water safety guarantee for the sustainable development of the whole city in the future.

Abstract: In 2021, Jiayuguan has firmed the concept of green development, adhered to the core of improving the quality of the ecological environment, worked focusing on the key tasks of pollution prevention and control, the rectification of feedback problems of ecological and environmental protection inspectors, and highlighting the investigation and rectification of ecological and environmental problems, and the quality of the ecological environment continued to improve. However, restricted by the natural environment, development stage and other factors, there are many problems of ecological environment, such as air quality

improvement pressure is greater, the task of reducing pollutant emissions is arduous. Based on the above, the report recommends further strengthening the leading role of planning, promoting Green development. We will intensify our efforts to combat pollution, continue to strengthen law enforcement and supervision, continue to improve the city's ecological environment.

Keywords：Ecological Environment Protection; Pollution Prevention; Environmental Quality

B.25　Ecological Construction and Suggestions in

　　　　Jiayuguan in 2021　　　　*Chen Peng, Ma Chunxian* / 195

Abstract：In 2021, Jiayuguan will coordinate the management of landscape, forest, land, lake, grass and sand systems, build a forest and grass resource protection system, carry out in-depth and sustained national voluntary tree planting activities, continue to implement green ecological construction and green quality improvement and transformation, significantly improve the urban and rural living environment, and achieve remarkable results in the city's greening, benefiting the people and ecological construction. This report suggests that relevant plans should be prepared scientifically, and efforts should be made to improve the greening quality and fine management, so as to promote the high-quality development of ecological construction.

Keywords：Ecological Construction; Greening Quality; Forest and Grassland Resources

Ⅶ Enterprise Case

Abstract：Jiuquan Iron and Steel Group Co.，Ltd. gives full play to its leading role，focuses on the development requirements of "three new and one high"，unswervingly implements the "six strategies" of resource guarantee，capital operation，innovation driven，reform and control，international operation and harmonious development，strengthens and refines the iron and steel industry，optimizes and enlivens the non-ferrous industry，and cultivates and forms the power energy industry with economic and reliable operation，prominent equipment manufacturing industry characteristic products a new pattern of coordinated development in which producer services and modern agriculture have strong self-development capabilities. In the new development stage，Jiuquan Iron and Steel Group company successfully completed various objectives and tasks by revitalizing the stock，introducing increment，improving quality，enhancing energy and expanding the total volume，creating the best performance in history and achieving the "opening success" of high-quality development during the "14th five year plan".

Keywords：Jiuquan Iron and Steel Group Co.，Ltd.；High-quality Development；Pillar Industry；Three New and One High

皮 书

智库成果出版与传播平台

❖ 皮书定义 ❖

皮书是对中国与世界发展状况和热点问题进行年度监测，以专业的角度、专家的视野和实证研究方法，针对某一领域或区域现状与发展态势展开分析和预测，具备前沿性、原创性、实证性、连续性、时效性等特点的公开出版物，由一系列权威研究报告组成。

❖ 皮书作者 ❖

皮书系列报告作者以国内外一流研究机构、知名高校等重点智库的研究人员为主，多为相关领域一流专家学者，他们的观点代表了当下学界对中国与世界的现实和未来最高水平的解读与分析。截至 2022 年底，皮书研创机构逾千家，报告作者累计超过 10 万人。

❖ 皮书荣誉 ❖

皮书作为中国社会科学院基础理论研究与应用对策研究融合发展的代表性成果，不仅是哲学社会科学工作者服务中国特色社会主义现代化建设的重要成果，更是助力中国特色新型智库建设、构建中国特色哲学社会科学"三大体系"的重要平台。皮书系列先后被列入"十二五""十三五""十四五"时期国家重点出版物出版专项规划项目；2013~2023 年，重点皮书列入中国社会科学院国家哲学社会科学创新工程项目。

权威报告·连续出版·独家资源

皮书数据库
ANNUAL REPORT(YEARBOOK)
DATABASE

分析解读当下中国发展变迁的高端智库平台

所获荣誉

- 2020年，入选全国新闻出版深度融合发展创新案例
- 2019年，入选国家新闻出版署数字出版精品遴选推荐计划
- 2016年，入选"十三五"国家重点电子出版物出版规划骨干工程
- 2013年，荣获"中国出版政府奖·网络出版物奖"提名奖
- 连续多年荣获中国数字出版博览会"数字出版·优秀品牌"奖

皮书数据库

"社科数托邦"
微信公众号

成为用户

　　登录网址www.pishu.com.cn访问皮书数据库网站或下载皮书数据库APP，通过手机号码验证或邮箱验证即可成为皮书数据库用户。

用户福利

- 已注册用户购书后可免费获赠100元皮书数据库充值卡。刮开充值卡涂层获取充值密码，登录并进入"会员中心"—"在线充值"—"充值卡充值"，充值成功即可购买和查看数据库内容。
- 用户福利最终解释权归社会科学文献出版社所有。

数据库服务热线：400-008-6695
数据库服务QQ：2475522410
数据库服务邮箱：database@ssap.cn
图书销售热线：010-59367070/7028
图书服务QQ：1265056568
图书服务邮箱：duzhe@ssap.cn

社会科学文献出版社　皮书系列
SOCIAL SCIENCES ACADEMIC PRESS(CHINA)

卡号：171595373458
密码：

S 基本子库
UB DATABASE

中国社会发展数据库（下设 12 个专题子库）

　　紧扣人口、政治、外交、法律、教育、医疗卫生、资源环境等 12 个社会发展领域的前沿和热点，全面整合专业著作、智库报告、学术资讯、调研数据等类型资源，帮助用户追踪中国社会发展动态、研究社会发展战略与政策、了解社会热点问题、分析社会发展趋势。

中国经济发展数据库（下设 12 专题子库）

　　内容涵盖宏观经济、产业经济、工业经济、农业经济、财政金融、房地产经济、城市经济、商业贸易等 12 个重点经济领域，为把握经济运行态势、洞察经济发展规律、研判经济发展趋势、进行经济调控决策提供参考和依据。

中国行业发展数据库（下设 17 个专题子库）

　　以中国国民经济行业分类为依据，覆盖金融业、旅游业、交通运输业、能源矿产业、制造业等 100 多个行业，跟踪分析国民经济相关行业市场运行状况和政策导向，汇集行业发展前沿资讯，为投资、从业及各种经济决策提供理论支撑和实践指导。

中国区域发展数据库（下设 4 个专题子库）

　　对中国特定区域内的经济、社会、文化等领域现状与发展情况进行深度分析和预测，涉及省级行政区、城市群、城市、农村等不同维度，研究层级至县及县以下行政区，为学者研究地方经济社会宏观态势、经验模式、发展案例提供支撑，为地方政府决策提供参考。

中国文化传媒数据库（下设 18 个专题子库）

　　内容覆盖文化产业、新闻传播、电影娱乐、文学艺术、群众文化、图书情报等 18 个重点研究领域，聚焦文化传媒领域发展前沿、热点话题、行业实践，服务用户的教学科研、文化投资、企业规划等需要。

世界经济与国际关系数据库（下设 6 个专题子库）

　　整合世界经济、国际政治、世界文化与科技、全球性问题、国际组织与国际法、区域研究 6 大领域研究成果，对世界经济形势、国际形势进行连续性深度分析，对年度热点问题进行专题解读，为研判全球发展趋势提供事实和数据支持。

法律声明

"皮书系列"（含蓝皮书、绿皮书、黄皮书）之品牌由社会科学文献出版社最早使用并持续至今，现已被中国图书行业所熟知。"皮书系列"的相关商标已在国家商标管理部门商标局注册，包括但不限于LOGO（▧）、皮书、Pishu、经济蓝皮书、社会蓝皮书等。"皮书系列"图书的注册商标专用权及封面设计、版式设计的著作权均为社会科学文献出版社所有。未经社会科学文献出版社书面授权许可，任何使用与"皮书系列"图书注册商标、封面设计、版式设计相同或者近似的文字、图形或其组合的行为均系侵权行为。

经作者授权，本书的专有出版权及信息网络传播权等为社会科学文献出版社享有。未经社会科学文献出版社书面授权许可，任何就本书内容的复制、发行或以数字形式进行网络传播的行为均系侵权行为。

社会科学文献出版社将通过法律途径追究上述侵权行为的法律责任，维护自身合法权益。

欢迎社会各界人士对侵犯社会科学文献出版社上述权利的侵权行为进行举报。电话：010-59367121，电子邮箱：fawubu@ssap.cn。

社会科学文献出版社